커피 자투리

이호걸 지음

도서출판 청어

머리말

오도독떨고나면 나아질까요
우두둑마음상해 어찌하나요
걸어도그냥가도 시원할까에
그것도아닌것이 꿂은어디에

여기서커피한잔 저기또한잔
아무리궁리해도 답은없어에
기다길수있다면 옙따가지요
이리숨막히는일 어찌벗나요

자투리

얼마 전에 창업했던 '모 카페' 사장님께서 가게에 잠깐 오셨다. 이것저것 얘기를 나눴다. 한 달 적자 무려 천에서 천오백만 원 깨진다고 했다. 전전긍긍 버티다가 요번에 코로나 사태로 억시 시기 맞았다. 국가에서 자금을 융통해 준다는 데 한 번 알아보라는 것이다. 최대 칠천만 원이다. 이자가 싸, 언뜻 빌리고 싶었다. 전에도 한 번 빌려 쓴 적 있었다. 그것 갚느라 애를 먹은 기억이 있어 선뜻 손이 안 갔다. 사장은 빌려 좀 달라고 했다. 얼마나 급한지 애걸하였는데 사실, 우리도 몇 달 몇 천은 깨진 상황이라 마음만 졸였다.

시작할게요.

경산 임당에서

鵲巢

차례

제 1 장

커피

1

정교하게다듬은 조각품이다
굳었다굳어있다 펼치면새다
새장에가둔새가 세상그립다
저좀살려주세요 새가울었다

무관심한우리는 보지않았다
꼼짝도못한새는 숨만조였다
온몸뒤틀수없는 가시같은집
저좀살려주세요 울고있는새

자투리

예술은 울음이라고 생각했다. 베토벤의 교향곡은 베토벤의 울음인 것처럼, '흰 소'는 이중섭의 울음인 것처럼, 춤과 발레와 각종 운동은 온몸으로 우는 행위라고 생각했다.

시원히 울고 나면 마음은 꽤 개운하다. 그러나 잘 울어야겠다. 때맞춰 우는 것도 있어야겠다.

세상 왜 이리되었나 싶다. 근 2년 반이었다. 내가 왜 이것밖에 되지 않나 하는 자괴감이 들었다. 그러나 열심히 살았다. 열심히 산 것이 고작 이것이라니 부끄러웠다. 세상은 참 맑은데 세상은 바이러스 천국이었다.

우리는 모두 그 바이러스 천국에 있다. 새장에 가둔 새처럼 그렇게 울고 싶은 우리, 누구를 탓하며 울어야 하나. 내 잘못이었나. 열심히 산 죄밖에 없는 우리의 잘못이었나.

까무잡잡한 새 하나 날아간다.

2

내목을뒤틀었다 느낌이본다
어서목축이시오 꿀꺽마신다
가벼워지는이몸 비운이느낌
툭버린몸뚱어리 느낌이운다

천년만년어둠을 담고담는다
수레가지나가고 개가지나고
아파트가일다가 눈이내리고
다뭉그러진느낌 세상을본다

자투리

언제 보았는지는 모르겠다. 영화를 보았다. '타임머신'이었다. 사랑하는 사람을 잃고 타임머신을 만들어 과거를 바꿀 것이라 생각했다. 주어진 삶은 어떻게 변화시킬 수 없었다. 그리고 먼 미래로 향한다. 수천수만 년 후의 삶, 인간사를 본다. 정말 아득한 시간을 이 영화는 잘 보여준다.

우리는 이 세상에 몇 년을 살다가 가는 것인가? 저 아득한 시간을 보면, 말이다.

물병에 담긴 물처럼 잠시 고여 있다가 누가 마실 것이다. 그리고 다시 또 죽 흘러갈 것이다. 온갖 것 다 보고 온갖 것 다 느끼면서,

3

개나리가피었다 벚꽃도피고
고양이가지나고 개도보았다
이름없는잡초가 여기저기다
세상두루보았다 새가또난다

돌이었다나무다 꽃이었다가
물이다흘러간다 구름이다가
덜커덩흔들렸다 축축젖다가
피어나는들꽃이 똑떨어졌다

자투리

인류 최초의 여성, 누시淚詩. 수천수만 년의 세월 동안 우리는 진화했다. 매번 미지의 세계에 대해 두려움을 느끼면서 하지만 다시 피어난 꽃은 세상을 참 아름답게 보았다.

어느 말발굽이 지나가기 전까지는,

4

흰붓들고검은밭 이내매다가
섬섬히자란잡초 쉬이뽑았다
뽑고또뽑고보아 이리깊을줄
한길물속이라면 닿아걷고서

새벽이슬한모금 목축였을까
천길나락만큼에 감히험해서
새까만고랑마다 어찌다매나
에휴아서라그냥 이밤샌다네

자투리

한 남자가 뛰어갔다. 무엇에 쫓기는 듯 허겁지겁 달렸다. 한 무리가 뒤를 따랐다. 잠시 멈칫거리더니 새카만 재규어가 뒤에서 달려들었다. 순식간에 모든 것을 먹어치웠다. 뚝뚝 거리는 핏방울처럼 껌뻑거리는 저 눈빛만 보았다. 다시 달려 나갔다. 새벽까지 뛰어갔다.

아직도 숨 쉬는 저 눈빛을

하얀 동굴에 갇힌 저 눈빛만 껌뻑거린다.

5

댕댕한흙더버기 알땅산들다
윗줄끊고비탈을 묶어나간다
퉁퉁부은알전구 비출곳없어
다헌사다리놓고 껍질만는다

파리한잎사귀에 흰눈내리다
이내녹고두터운 침대가운다
찢어진물갈퀴에 헛도는물살
돛없는등대처럼 바라만본다

자투리

안전모 쓴 사람이 있었다. 굴삭기는 도로를 후벼 파고 있었다. 안전모는 길 건너는 사람을 본다. 빨간 불이 켜졌다. 한 사람이 급히 길을 건너갔다. 도로를 질주하는 차는 없었고 굴삭기는 계속 도로를 후벼 파고 있었다. 나는 무서웠다. 안전모가 계속 바라보고 있었으니까.

결국,

도로는 걸레가 되었다.

6

잔은커피를본다 커피없는밤
잔밖으로흐르는 달을보다가
서쪽으로기우는 이밤따라서
그간무엇을했나 무심한사람

완강히거부했던 동쪽의나라
단지그등만보고 무엇을했나
잔끝에앉은새떼 죽은눈동자
헛헛실실허공에 묻은이사람

자투리

동쪽의 나라, 해가 제일 먼저 뜨는 나라였다. 이를 애초 아사달이라고 불렀다. 아사는 아침이다. 달은 땅이고, 양달과 응달이라고 한다. 양지와 음지다. 아침이 있고 해가 뜨는 나라 이를 한자어로 바꾼다면 조선朝鮮이겠다.

예부터 우리 민족은 아침이 있었다. 동굴에 햇볕이 따스하게 내리면 창을 들고나갔다. 들판을 향해 뛰었다. 몇 천 년이 흐른 지금, 들판을 뛰지는 않는다. 카페에 앉아 커피만 마시고 있다.

아침이 있고, 손님이 있는 그런 나라, 텅텅 빈 거리가 아니라 생기가 도는 동쪽의 나라였으면 좋겠다.

7

곳곳스며나왔다 기약없는길
한명씩시궁창을 드나들었다
간밤알까놓은쥐 그쥐를잡고
두들겼다벌겋게 눈을뜨고서

번개가가고쌓은 깨끗한시체
모조리묶어터널 안쪽에넣고
입구빠져나왔다 하늘한쪽에
깨진파편이아직 보고있었다

자투리

땅을 팠다. 물을 먹고 싶어서 땅을 팠다. 처음에 얕게 파내려 갔다. 줄을 주시오. 줄, 판 흙을 담아 올렸다. 계속 땅을 팠다. 어느새 수천 길, 물은 없었고 깜깜한 동굴에 갇힌, 줄을 주시오, 줄. 위에서는 들을 수 없었다. 쪼그리고 앉았는데 눅눅한 습기만 몸에 배였다. 정말 미칠 것 같은 답답함. 다시 소리쳤다. 줄을 주시오, 아무도 없었다. 줄이 툭 떨어졌다. 순간 공포감이 밀려왔다. 다시 소리쳤다.

야 개새끼야 당장 내려와, 야 이 시팔 놈아 내려와 봐 새끼야
돌멩이 하나가 뚝 떨어졌다. 총알처럼,

8

더러운욕조속에 토막난시체
타일처럼지도를 일러주었다
까만비닐봉지가 펄럭이다가
뚝뚝흐르는비명 질끈묶는다

국수에이탈한극 불면의밤에
사내는분쇄기에 눈알을넣고
툭툭터지는창을 지워나갔다
문득수치가일어 꺽꺽삼켰다

자투리

계곡들은 움직였다. 한 번씩 굉음을 내며 돌아가는 저 계곡, 날카로운 계곡이었다. 그 계곡이 부딪혀 온몸을 갈기갈기 찢는,

순간 나는 요절했다. 팔과 같은 형체와 다리와 비슷한 살점이 군데군데 흩어져 있었다. 야, 정의야 얼른 뜨거운 물 끓여,

다시 순식간에 푹 삶기다가 폭폭 젖는 이 슬픔을 누가 한 접시 위에 한 잔에다가 담는다.

눈 네 개 달린 괴물이 붕어처럼 마셨다.

9

저벽지찢고싶다 수염을뽑아
통화와맞바꾸고 부푼흰덫을
침대에얹고싶다 그렇게긁은
좌표를떼어극히 묻어버리고

수척한낙타등을 끄고싶었다
깊이앉은백골을 엄폐한오후
다뜯긴선을긋고 치빙에돈다
이런일없었으면 녹이슬겠다

자투리

수평선은 두레에 사각 밀폐 통을 얹었다. 초원의 물길이 보는 저 휜한 대지를 보며 목이 마른 물동이만 생각했다. 질펀한 논둑이 쓰러지고 봄은 다시 왔다. 내부 공사였다. 사각 밀폐 통 안은 매실 같은 단어, 사각 밀폐 통 안은 된장 같은 단어, 사각 밀폐 통 안은 갈비 같은 단어, 사각 밀폐 통 안은 양파 같은 단어, 사각 밀폐 통 안은 버섯 같은 단어, 사각 밀폐 통 안은 고추 같은 단어, 사각 밀폐 통 안은 마늘 같은 단어, 사각 밀폐 통 안은 물엿 같은 단어, 그 어느 것도 확인할 수 없는 사각 밀폐 통이었다.

이런 일 없었으면 녹이 슬겠다.

10

작은배가몇시간 붕떠있었다
물물물좀주시오 물은없었다
목말라죽어가고 있는가운데
저멀리너머겨우 손짓하였다

물물물좀주시오 여기물없소
슴배는목이말라 바닥에눕고
배는바다에결코 바다에있고
물동이를내려요 강물입니다

자투리

창을 열어보시오. 오천만 개의 별이 보이지 않소. 뇌세포가 경련을 일으켰다. 찍개가 겨우 구낭굴을 빠져나왔다. 한동안 숲을 바라보며 숨죽이고 있었다. 숲은 숲을 바라보며 고즈넉한 고향을 띄워주고 있었다. 나무와 나무가 부딪히는 좀 돌날에 불꽃을 움켜잡고 날카로운 이빨을 먹고 있었다. 순간 찍개는 품에 흑요석을 끄집어내어 분질러 버렸다. 풍성한 열매가 열리고 새순을 보는 순간이었다. 몇 마리의 날카로운 이빨이 지나가고 물길은 나뭇잎을 걷어 무리에 합류하고 있었다. 무리가 점점 몰려들 때였다. 계곡에 어린 무지개가 코모도를 삼켰을 때, 쪼 쪼오 쪽빛을, 쪼 쪼오 쪽빛을 거어 건네줘요. 으, 으. 어느덧 수 숲길이 어두워지고 나서야 새벽안개의 그 뿔을 지울 수가 있었다.

11

짜마리가누웠다 굄새는없다
입김은날아갔다 파도만높다
수초를내밀었다 날은깎았다
민들레가웃었다 요지를물고

토사가밀려왔다 마을에왔다
수의가울며왔다 형체가없는
어느누구도절대 눕지못하고
도토리만울었다 사발을깨고

자투리

청도 가는 길, 코스모스 꽃길 가에 고양이가 누워 있었다. 동공을 구슬만치 켜고 하얀빛 코스모스 꽃대에 그만 얼었다. 그 꽃향기에 취해 까만 도로에 삶을 남겼다. 운문댐 돌아 운문사 들어가는 초입에도 언제 누웠는지 그 까만 고양이가 아주 납작하게 붙어 있었다. 어느 들길 하나 없이 활보하며 날카로운 눈빛을 세워 들쥐를 잡았을 것이다. 굳은 피에 목이 말라 흐르는 저 냇물로 기꺼이 무거운 타이어의 꽃대가 되었다. 운문사 앞 식당에도 어느 부산한 맛 집에도 도토리와 동동주 한 사발 치는 와중에도 그 까만 고양이가 있었다. 한 젓가락씩 오른 그 고양이의 뜯긴 살점이 하늘거리고 있었다. 분명 얼룩이었다. 모두 살았다.

12

지른까닭을보고 벗은구두에
해가몹시격했다 분노한말미
내색은기거하고 신사올렸다
탁탁분기한돌출 침이오른다

활기를불어넣는 시기에휜다
대들보의기혈이 둘러매는장
상기만돌이켰다 잊을수없다
너른돌메창에는 박이놓인다

자투리

구두는 지와 보도블록 위에 놓였다. 그리 깊지 않은 숲에 조금 더 안쪽으로 들어갔다. 우리는 얼굴이 같았다. 어감은 딱딱하고 마치 굳은 두레를 확장하는 것처럼 표정은 다시 또 놓는다. 난쟁이가 잘 벗지 않는 모자를 들어 올린다. 그 후, 삽을 어깨에 메고 있다. 때는 저녁노을이 산마루에서 머뭇거리고 무척 출출한 신사만큼이나 그 여유로움은 잊을 수 없다. 혀가 지나간다. 끓는 물에 국수가 엉클어지고 돌돌 말아 휜다. 어딘가 격한 철새가 또 지나가고 보도블록은 순간 뒤바뀐다. 나는 참아 그것을 볼 수 없었다. 오로지 호수 바닥에 기거한다. 침이 탁 오른다. 박이 놓인다.

13

몽환빛산자락에 열차가간다
돌미나리고사리 무채시금치
세상바르게본다 치국에뜬다
꿈같은얘기였다 치국에운다

표정을말아걸고 분흥만본다
틀림없다빛깔에 물어오는적
완벽하다한동안 정신줄놓고
의식을고스란히 안면에빼고

자투리

먹구름이 알코올과 같을 순 없다. 신숭겸이 바라본다면 꿈같은 얘기였다. 돌하르방처럼 서서 무채색으로 그 치국을 놓고 몽환적인 띠라고 하면 받을 수 있을까? 그냥 웃어 본다. 된장은 한 술씩 표정을 도려내고 자반에다가 장식한다. 돌미나리, 고사리, 무채, 시금치가 속살을 발겨 뼈를 걸 때 안면은 남지 않겠다. 석 점장은 다시 얘기한다. 본부장님 손님이 이제 조금씩 느는 것 같습니다. 얼음을 분쇄하고 토마토를 갈아 마신다. 해가 간다.

14

산을깔고엎었다 희뿌연하다
태양은없고배위 올려놓은시
뭉그러진눈동자 젖힌이빨에
도포자락을놓고 후벼판구름

뿌리를다지는것 습기가찬것
내려다보는혈적 고단한길에
공기가또탁하다 들어앉은의
누뿔에시뻘겋게 내린눈있다

자투리

푸른 잔디밭에 누웠다. 산 첩첩 본다. 한 길 족히 넘는 아래는 공동묘지였다. 언제 저 무덤이 밭이 될까? 희뿌연 구름이 순간 지나갔다. 태양은 없고 습기만 차 있고 바람은 불어 시원했다. 가볍지 않은 시, 몹시 맵시를 잃을 때 커피만 마시고 싶었다. 문을 열고 레게가 들어온다.

일 다 하고 죽은 무덤이 없다. 일 없다. 구름밭에 하얗게 내린 눈만 있다. 전봇대 맨 꼭대기에 앉은 까치가 두리번거린다. 자꾸.

15

도르새같은것은 잊기로한다
도두뙬수없는일 그냥앉았다
도린곁에거닐다 흰새만낚아
얻은잠방이털고 보대낀하루

적바림도이제는 방내는길에
여줄가리로보면 어찌덧나나
유들유들욕찢고 결국윗덧방
바특한김치찌개 한그릇놓다

자투리

우쭐대는 신맛은 꼴만 사납다. 어찌 고무신이 장작이 되나 말이다. 어쩔 수 없는 일이다. 오늘은 비가 오고, 장막 뒤로 보이는 새가 까치인지 까마귀인지 분간이 서지 않는 이 시간, 다만, 귀머거리가 자동차 경적을 보는 것만 같다.

다들 비키시오. 다들 비키시오.
멍하니 앉았다.

16

응달이쪽내렸다 우부룩하다
느닷없는재난에 시적거리다
안틀리는마개만 허적이었다
달게굴어도달친 커피만있다

혼자닦달내어도 앵돌아앉아
뭇방치기는없다 튼튼한개다
멧발도멧부리도 없는여기에
턱뼈만뭉개다가 진작모뜨다

자투리

몇 안 되는 야외용 탁자를 접어서 안으로 들인 적 있다. 살구꽃 피었다가 푸른 잎도 보았다. 여기는 은행나무 앞 상가였다. 잠시 저 너른 도로를 바라보며 무거운 철문을 닫아 놓는다. 몇몇 상표가 훤히 보이는 거리였다. 빼앗긴 들에도 봄은 왔다. 여름이 있었고 가을과 겨울도 두 번이나 다녀갔다. 며칠 전에는 그렇게 안 열리는 철문이 왔다. 봄은 아무것도 할 수 없었다.

우리의 신세계는 늙은 정치인보다 젊은 과학자가 필요하다.

17

본데없는이하나 야금거리다
억시보겠다휑한 머릿속이다
다팔거리는검불 노는갈개꾼
제발그냥놔둬라 하동거렸다

바직바직다탄재 타는대로고
재떨이에자투리 총총빠대다
씨그둥한소리꾼 입살스럽다
시국이난국이라 바끄러울뿐

자투리

책에서 읽은 내용이다. 인생의 현자들은 말한다. 지금 이 순간, 우리에게 주어진 것들에서 행복을 찾으라고, 이러한 인생관을 일상의 습관으로 만들라고 말이다. 삶을 대하는 이러한 태도는 인생이 짧다는 사실을 깨달아야 얻는 선물이다.*

낚시를 좋아하는 후배가 있다. 3만 원이면 충분히 즐길 수 있다고 한다. 고기를 낚고 낚은 고기를 회쳐서 소주 한 잔 마시는 게 낙이라고 했다. 가장 돈이 적게 들어가는 방법이라며 얘기했다. 요즘 코로나로 낚시하러 가는 것도 부담이다. 하지만, 둘이 소주 한 잔 마시면 최소 6만 원에서 10만 원정도 들어가니까 그것보다는 싸다는 것이다.

혼자 무언가 읽는 것도, 잠시 궁리하다가 쓰는 걸 좋아하는 나는 책값 하고 신문값 정도 들어간다. 돈으로 치자면 가장 적게 들어갈 것 같은데 한 번씩 책

내용 비용을 생각하면 그것도 아니겠다. 코로나로 가만히 있는 것보다는, 아이 사태도 언젠가는 가라앉을 것이다. 그때를 대비하는 마음은 있어야겠다.

인간이 가장 즐거운 것은 인간과 함께 하는 것인데, 코로나는 생활에 많은 것을 바꿔놓았다. 앞으로 어떤 변화를 이끌지는 모르겠지만, 다가오는 새로운 문화를 미리 겪는 기분이다.

---

*내가 알고 있는 걸 당신도 알게 된다면, 칼 필레머 지음, 박여진 옮김, 토네이도, 274p

18

잠이오지않았네 뚝뚝빗물이
눈을감고있으도 죽죽흐르데
빗물소리들으면 보깬눈물이
그냥누워있었지 적적오르데

이리누워있으도 빗물은흘러
한강물이루겠지 죽죽흘렀어
눈감고귀먹어도 흐르는빗물
한세상끝에누워 같이흐르지

자투리

잠이 오지 않았다. 비까지 내려 더 심란했다. 낮에 다녀가셨던 모 카페 사장님의 말씀만 귓가에 맴돈다. '하루 매출 2만 원도 안 돼요. 함께 일하는 동생은 당분간 집에서 쉬도록 했습니다.'라고 얘기하신다.

여 밑에 식당 하시는 사모님께서 커피 사러 오셨다. 대출금리 좀 싸다는데 돈 안 쓰느냐고 물으신다. 나는 답답했다. 쓰고 싶은 마음이야 오죽하겠는가마는 돈을 빌리면 금시 다 쓸 것 같아 참고 있음을 말이다.

더 심각한 문제는 우리나라 젊은 사람이 일자리가 없다는 데 있다. 정말 심각한 수준임을 정부는 모르고 있다는 걸 생각하면 몸서리 칠 정도다.

19

새떼가날아갔다 집이비었다
하얗게말라버린 새보금자리
새어디에갔을까 자리휑하다
떠난새바라보다 멀뚱거리다

한무리의새떼가 산드러지다
알콩달콩모은새 순간날았다
세상묵은때모두 훌떠나갔다
아무것도없는집 울음만있다

자투리

우리의 몸은 영구적으로 쓸 수 있는 게 아니다. 때 되면 버려야 한다. 그러나 그 버리는 것이 고통스럽다. 노환으로 각종 질병으로 몇 년을 버텨야 할지 누구도 모르는 일이기 때문이다.

평균수명 증가로 국가 재난 수준까지 오른 질병이 하나 있다. 치매다. 20년 새해가 들어오자, 역병 코로나로 한바탕 난리였다. 그 코로나 환자는 전염성이 강해 순식간에 벌어진 일이었다. 그러나 치매는 서서히 다가오는 일이며 오래 간다. 5년 후, 치매 환자가 무려 100만 명에 육박할 거라는 얘기는 다른 나라의 얘기가 아니다.

건강하게 오래 살아야겠다. 그러려면 운동은 필수, 건강한 뇌-활동으로 정신은 언제나 맑게 하는 것도 좋겠다.

20

바짝숨죽였어요 모목이아파
손쓸수없는일에 다뜯긴이빨
한입이빨에물린 고라니인양
그냥가그냥가요 뼛골로서서

오직이먹었네요 그냥내주고
배불리먹었나요 더는없어요
우둑우둑뼛까지 씹고있네요
오독오독아파요 둑둑끊어요

자투리

매화가 곱게 피었다. 가게 뒤쪽 매화를 심은 지 벌써 7년째다. 그간 굵은 씨알도 몇 번 맺었다. 이렇게 봄이면 제일 먼저 그 소식을 알린다. 가끔 매화를 보고 있으면 고라니 한 마리 지나는 것도 운 좋으면 보게 된다. 겁이 꽤 많은 동물이다. 산짐승이 으레 다 그렇지만 고라니는 눈이 아주 굵고 커서 그런지 더 그래 보인다. 몇 마리가 후다닥 뛴다. 정말 놀라운 광경이었다.

서민은 고라니다. 위 어른들이야 고라니 마음을 알 수 있을까 말이다. 온몸이 다 뜯기는 이 마음을,

지금 이 시국이 오독, 오독이었으면 좋겠다.

21

미어터질것같아 엮은거미줄
간당간당한목숨 잇고끊는듯
서로당기며보는 철철높은벽
뼈대도없는그냥 안개같은벽

동공어린핏자국 쓸려간파도
먹똥에메숲지다 흘러간몇해
뱃속후벼판톱날 패총은가고
눈꺼풀은진동에 아직도떨고

자투리

내가 친 거미줄이 많으면 많을수록 나는 안전하다. 내가 친 거미줄이 많으면 많을수록 나는 더욱 불안하다. 전자도 후자도 다 맞는 말이다. 거미는 거미줄 엮는 것이 본능이다. 하루를 엮어 삼백육십 오일이 되고 삼백육십오 일씩 엮어 한 인생이 된다. 오늘도 이미 다 엮은 삶을 버리고 소천하신 분이 있다. 향년 67세.

벽 같은 하루를 본다.

뼈대도 없는 그냥 안개 같은 벽을

22

거미줄꼭꼭묶은 붉은이심장
더는숨쉴수없어 가슴터지네
매화피고살구꽃 피는계절에
순리대로마살지 옥죈이심장

심장이답답하여 터질것같소
뜬구름만타다가 속새카맣소
믿고또맡겼지만 겨우한달에
세간일장춘몽이 순간이었소

자투리

공자의 말씀이다. 지자불혹知者不惑하고 인자불우仁者不憂하고 용자불구勇者不懼니라. 지혜로운 사람은 인간의 길이 무엇인지를 알기 때문에 미혹되지 않으며 어진 사람은 사람으로서의 덕을 갖추고 사람을 사랑하기 때문에 근심하거나 걱정하지 않는다. 용감한 사람은 정의를 실천하기 때문에 두려워하지 않는다.

지천명에 이르러도 아는 것이 미천하고 그 미천한 재주로 쓸데없이 돈키호테 같은 기질만 있었다. 어느 것은 모든 것을 잃고 나서야 그 길이 아님을 깨닫기도 했다. 그 잃음이 있고 나서야 그나마 남은 것에 대한 소중함을 안 것도 다행이며 그때서야 깨닫는 게 있었다.

뜬구름이다. 후우 불며 가는 것도 진정한 용기다. 이렇게 불어버린 것도 재처럼 남았다. 용기며 덕이라 믿고 싶다.

23

찬바람이겨내고 활짝피웠다
새하얀여린꽃잎 봄을알린다
멧새도날아와서 앉았다가고
곱게핀매화꽃잎 지켜만보고

한겨울이겨내고 활짝피웠다
봄의전령사매화 어찌하얗다
한때품은꽃망울 이리피면은
한세상곱게걸고 매달고싶다

자투리

매화를 꽤 좋아하셨던 시인이 있었다. 퇴계 이황이다. 선생께서 손수 지어 엮은 매화시첩에는 약 90여 편의 한시가 수록되어 있다. 또 한 시인의 글이 떠오르는데, 카페에 오시는 손님께서 카페에 마련한 지필묵에 한시를 남겨놓으셨기에 알게 되었다. 인터넷 조회해보니 조선 중기의 유명한 학자 상촌 신흠 선생의 '野言'에 나오는 한시였다.

桐千年老恒藏曲(동천년로항장곡)
梅一生寒不賣香(매일생한불매향)
月到千虧餘本質(월도천휴여본질)
柳經百別又新枝(유경백별우신지)

오동나무로 만든 악기는 천 년을 묵어도 자기 곡조를 간직하고 매화는 일생을 추워도 그 향을 팔지 않는다. 달은 천 번을 이지러져도 본바탕은 변치 않으며 버드나무 가지는 백 번 꺾어도 새 가지가 돋아난다.

24

도끼를들었어요 찍었습니까
관을향해뛰어든 피아노예요
이내죽었습니다 신문입니까
사실입니다관은 열어둡시다

흠집이났습니다 파였습니까
비탈이심합니다 몰려드네요
꿈은다탔습니까 불씨말이죠
끝이에요시뻘건 무덤입니다

자투리

사내는 가장이고 싶고 대표이고 싶고 더나가 이 나라의 일꾼이 되고 싶다. 또 그렇게, 어두운 그림자를 덮는 지붕이고 싶다.

공자의 말씀이다. 묘이불수자유의부苗而不秀者有矣夫! 수이불실자유의부秀而不實者有矣夫라. 싹을 틔웠으나 꽃을 피우지 못한 것도 있고, 꽃은 피웠으나 열매를 맺지 못한 것도 있다.

상당수의 사람은 씨앗을 뿌려 싹은 틔우지만 싹이 조금만 올라오면 의기양양하고 방자하여 꽃을 피우는 단계에 이르지 못한다. 꽃이 피지 않는데 열매가 있으랴. 꽃을 피웠다고 해서 일찍 자만에 빠져 단단한 열매를 맺지 못한 경우도 있다.

오늘도 관처럼 눈을 뜨고 새똥 바라보며 내일을 생각한다.

25

하얗게핀나비다 지운자정에
지난겨울을씻고 헤집은하늘
이유없는이유에 꽃술을잡고
밤새침묵을팠던 종잇장이다

검은개를박차고 피어난흰개
안개에뿌리박고 짖었던봄날
밝게웃었던날이 몇날이었나
칼날같은바람에 구겨진얼굴

자투리

매화를 보았다. 춘삼월이라 하지만, 아직 바람이 차다. 나비처럼 펄럭이는 듯하다. 달빛에, 지운 자정에 지난겨울을 씻고 다시 일어서려는 저 몸짓에, 밤새 침묵을 가리고 피어난 한 술 꽃을 보았다.

이제는 정신 차리고 내일을 보아야겠다.

공자의 말씀이다. 역부족자力不足者는 중도이폐中道而廢라 했다. 아직도 남은 것이 있다. 아니 남아 있는 것을 생각하자. 정말 힘이 없어 못한 것이 아니라 노력하여 힘을 쓰자. 다시 추슬러야겠다. 내가 지닌 능력은 무엇이고 가고자 하는 방향을 재설정해야겠다.

26

앉아거미를본다 새카만얼굴
눈뜨면그얼굴이 벌써와있다
이미굳은몸으로 눈은내리고
꼭꼭묶은밧줄로 사다리탄다

서서거미를본다 숨소리없이
흰줄에대롱대롱 눈알을놓고
뻥뚫린눈구덩이 다파먹은길
천장가득눈망울 매달려있다

자투리

대표는 얼마나 억장이 무너질까? 그러고 싶었을까? 시대가 이미 그렇게 가버렸다. 좌우 대립 속에 이권은 지금의 우리 사회를 만들었다. 모든 것이 무너져야 한다. 원리원칙도 아주 깨끗이 무너졌으면 싶다. 새롭게 피어나는 한 떨기 꽃이라면 지난날의 일들을 알 수 있을까!

순자는 백성은 물, 임금은 배로 보았다. 물은 배를 띄우기도 하지만, 또한 뒤집기도 한다.(수능재주水能載舟, 역능복주亦能覆舟) 지난날은 촛불혁명이라도 있었다. 물의 힘을 느꼈다. 그 힘마저 모두 상실한 마당을 본다. 쫄딱 마른 바닥을,

그러나 우리는 할 수 있다. 무엇을? 무엇을? 무엇을?

27

따뜻한손이었다 한손을잡고
한동안머물렀다 한손은잊고
두근거리는손에 손을잡으며
낯선곳고향처럼 폭익어갔다

손목은사라지고 길은잃었다
번지없는곳에서 증식만했다
강건너쪽배처럼 생생한봄만
겨울에내린눈을 맞고서있다

자투리

2,300여 년 전 전국戰國시대 말기, 법가의 싹을 틔운 중국 정치가 상앙商鞅(BC 390~BC 338)이 있었다. 그가 다진 법가 사상은 중국 전역을 통일하는 대업이었다. 상앙은 법을 제정하여 권력의 고도 집중과 집권을 통해 강국의 이행을 원했다. 뜻대로 되었다. 그가 제창한 의지는 한마디로 민약국강民弱國强, 민강국약民强國弱이었던 셈이다.

그렇다고 강력한 군주제만이 살 길인가? 한때 그리움이 매화를 부르고,

한때 급성장했던 우리를 본다. 정말 정신없이 일했던 기억이 있다. 잡생각이 하나도 없었다. 코로나가 언젠가는 지나가겠지. 만년 저렇게 마스크가 바라보는 세상은 아니겠지. 하얗게 핀 매화가 바람에 간당거리고 아직도 굳게 닫힌 침묵만 바라보고 있다.

꽃이 간당거린다.

28

봄이라생각했다 바람이불고
새싹이필것같고 봄은없었다
동구밖아이들은 사라져갔다
봄만죄다엮어서 울면서갔다

봄을꺼내자굳은 땅덩이에서
그냥눈물이났다 뜯긴과녁에
흩어진구름모아 봄비내리자
굳은땅찢고열어 봄싹틔우자

자투리

미국의 모 작가다. 독재자는 어떤 사람인가 연구를 했다. 뜻밖의 결과였다. 독재자는 매사 엄격하고 밤낮없이 정력적으로 일했으며 금욕과 소식 주의자였다. 나폴레옹은 하루 4시간밖에 자지 못했다고 한다. 현대의 독재자들은 수면 부족과 만성 피로에 시달렸다.

에휴, 나는 독재자도 아닌데 만성 피로에 수면 부족과 같은 증상을 본다. 모든 걸 내려놓자. 시국이 이러한데 혼자 뭘 한다고 되는 게 아니다. 그러나 무작정 기다리는 이 무료와 권태, 글밖에 쓸 수밖에 없는 현실에 우리는 스스로 독재자가 된 듯하다.

사라진 아이들이 모이고 개나리가 피고, 봄비도 촉촉이 내려서 따뜻한 커피 한 잔 마시는 날은 올 것이다.

29

찌개끓이고있다 밥먹기위해
무파된장양념이 떠오르다가
이내가라앉았다 한숟가락은
휘휘젓다가끝내 찌개였으니

다된찌개보다가 밥을먹었다
그릇이버려지고 긁적대다가
뜨거운것이흘러 허적거렸다
뚜껑없는냄비가 끓고있었다

자투리

흰쌀밥을 먹었다. 쌀밥을 먹으면서 쌀밥이 되기까지의 시간은 도대체 얼마일까? 억겁이 지나도 쌀밥은 될까? 육체는 껍데기다. 그러면 정신은 어디로 가는 건가? 현자賢者는 그물에 걸리지 않는 바람처럼 살라 한다. 현실은 그렇지가 않다. 제 스스로 온갖 그물을 만들어놓고 혼자 묶여 못 빠져나오는 상황을 만들고 말았다. 내려놓고 벗어야 한다. 그렇지 못함을 안다.

예전과 달리 부고장이 잦다. 한 사람씩 떠날 때마다 무슨 경고 같다. 하느님께서 곧 떠날 채비라도 하라는 듯이, 문자에 적힌 숫자는 왜 또 명확한가? 향년 65세. 너무 일찍 가셨다. 정말 일찍 가신 겐가!

된장찌개가 끓고 있다. 뚜껑 없는 냄비가 끓고 있었다.

30
기이깨진일이다 세포만돌고
머리없는세포다 너무명확한
구린내만풍기는 비열한거리
이미죽은세상에 미련만남는

양말을벗어놓고 올려다본다
어디둘러보아도 검은그림자
뚝뚝끊고싶어서 끈만보고서
이미잇지못하는 문앞에서서

자투리

하나의 문 그러나 양쪽으로 열 수 있는 문이다. 어느 문이든 열 수 있는 삶과 죽음의 경계선에 서 있다.

늘 그림자가 따라다녔다. 한쪽은 그것을 지우고 또 지웠다. 지우면 지울수록 더 명확한 현실만 있다.

또 하루가 저물고 구린내만 폭폭 나는 양말처럼 그림자 하나가 이내 흩어지다가 어깨처럼 가라앉았다.

이미 잇지 못하는 문 앞에 서서

31

이십년장사치는 늘매화였다
하얗게하늘보는 추위를떨쳐
칼날같은바람에 미련도없는
훨훨나는새처럼 더딘모가지

눈처럼떨어지는 하얀꽃잎이
대지를끌어안고 허공을본다
바람이지나가고 벌지나갔고
허무를안아보는 꽃나무하나

자투리

커피 장사, 이십 년 늘 매화였다. 매화처럼 하얗게 서 있는 가게였다.

공자께서는 인자仁者는 선난이후획先難而後獲이라고 했다. 어진 사람은 어려운 일을 먼저 하고 대가는 나중에 받는다는 말이다. 눈처럼 떨어지는 하얀 꽃잎 같은 날이다. 매화처럼 열린 마음을 가져야겠다. 꽃샘추위와 같은 코로나 사태는,

이 또한 지나가리라.

허무만 깊게 안아보는 꽃나무다.

32
무더기로피었다 꽃이저꽃이
구부러진이손은 펼수없었어
먼데서꽃향기에 떼는발걸음
강건너혼자앉아 바라만보다

나는여러번죽어 발광하는손
날개없이죽은새 노을빛아래
꺽꺽잡지못한손 애태우다가
곱게핀홑꽃잎에 하루를덮다

자투리

선우후락先憂後樂이라는 말이 있다. 근심은 남보다 먼저 하고 즐거움은 남보다 뒤에 하겠다는 말이다.

중국 북송 때 범중엄이 지은 악양루기에 나오는 말이다. 옛날의 어진 사람은 높은 지위에 있을 때는 오로지 백성이 고생할 것을 걱정하고, 벼슬에서 물러나 있을 때는 왕이 잘못할까 걱정했다. 벼슬을 할 때나 물러날 때나 항상 걱정했다. 그들에게 언제 즐기느냐고 묻는다면 틀림없이 세상의 근심할 일은 남보다 먼저 근심하고 즐거워할 일은 남보다 나중에 즐긴다고 대답할 것이다. 先天下之憂而憂 後天下之樂而樂

요즘은 큰 벼슬에 있지도 않은데 걱정은 왜 이리되는 건지. 나라가 망할 것 같다.

33

튀어오르는침은 못내역겹다
촉촉젖은하늘은 미명의시간
다부서진갈비뼈 비튼기둥들
해거름의어깨만 어루만졌다

창밖하얀근심이 낭자했지만
허리를안잃고자 수습한허공
잠시또자리비어 향기맡다가
눈물이자꾸흘러 눈만말랐다

자투리

비말이라고 했다. 마스크를 꼈다. 몇 천리를 난다는 붕이 있었다. 처형은 뽕을 갖고 있었다. 강아지 이름이었다. 붕과 뽕, 상상은 그렇게 오갔다. 붕처럼 오르다가 뽕거리며 갔다. 한 번의 날갯짓으로 몇 만 리를 간다면 지구는 당구공처럼 보이겠다. 큐대를 들고 오는 사람, 그리고 그 큐대로 붕을 후치며 수습한 마당을 본다.

기둥 하나가 올곧게 서 있었다. 마치 바늘처럼,

34

다시허공을엮어 꿴낚시바늘
볼수없는뿌리에 벗어놓은몸
끊을수없는습성 모르는시간
바람에휘날리는 암울한시간

가상의붉은선이 핏줄같다만
주소는분명해서 자리놓인다
어디서오는건지 깨우는아침
자생하는뿌리가 꼭개밥같다

자투리

하얀 이 닦고 있었다. 천정에서 물방울 하나가 똑 떨어졌다. 겨울이었다. 긴 소매 사이로 그것도 속 빨려 들어가는 물방울이었다.

거꾸로 매달려 있던 박쥐가 순간 날아갔다. 한동안 숲 속이 요동을 치다가 물이 한 차례 지나갔다.

벌써 아침이,

개밥바라기가 뿌리처럼 닿았다.

35

무릎펼수없었다 고총하나가
어둠이닿지않자 젖은발목이
허리꺾으며걸어 오고있었다
얼굴만핥은점들 졸면서잇다

퍽퍽쓰러져갔다 쑥쑥핀수염
얼룩의타일처럼 바라보았다
깎지도덮을수도 없는벼랑길
새카맣게탄고총 걸어두었다

자투리

엄마 바깥은 어떤 세상이야?
음 그곳은 햇볕은 따스하고 눅눅하지도 않지.
엄마 그럼 바깥은 어떻게 나가?
지붕이 깨지고 지진이 일면 나갈 수 있겠지.

세월이 흐르고 더욱 세월이 흘러도 풀처럼 더 조여드는 이 감옥.

36

면도칼에긁었다 끊을수없는
송곳니는더이상 자라지않아
모기만따가웠다 여백은크고
먼지가득앉았다 더없이푸른

접시에담아보고 방금구운눈
흔들리는세계에 거친물결로
빨려드는거품을 터트리면서
떨리는그을음을 흩트리면서

자투리

누가 내 다리를 잡고 당겼다. 짝 펼쳐놓는 저 인간, 순간 부끄러워 눈을 가리고 싶었다. 그러나 눈은 내 의지와 관계없이 보란 듯이 그것도 떳떳이 보란 듯이 더욱 밝게 빛났다. 그의 눈이 마주칠 때마다 더욱 반질거렸다. 정말 미칠 정도로 부끄러웠다. 소리치고 싶었다. 에구머니나, 어, 어, 어여, 그는 아무 말도 듣지 못했다. 계속 펼쳐보는 그가 밉지가 않았다. 나는 큰 죽음이었고 숨 쉴 수 없는 쾌감 같은 것이 밀려왔다. 행복했다.

햇볕이 참 아름답고 따스하고, 봄은 이런 거였다.

37

온동네벚꽃잎이 눈처럼피네
골목지나가는데 세월갔는데
누나야벚꽃처럼 좋은봄날은
하얗게피었다가 가면좋지요

눈아닌게눈처럼 와서쌓였네
골목마다그늘은 왜이리깊소
겹다봄날은겨워 훨훨날려서
호젓한꽃잎하나 어찌지워요

자투리

세상은 콘크리트다. 아니야, 세상은 스펀지야. 아니었다. 세상은 난로 같은 것이었고, 도자기였으며 훨훨 날아가는 문패 같은 것이었다.

문만 생각하면 왜 치가 떨리는 건지.

다시 벚꽃이 피고, 벚꽃은 피고, 벚꽃은 다 갔다. 싹 쓸어 갔다. 문 밖에 있는 그대,

38

뽀글뽀글한냄비 찌개곁들여
가는봄날담아서 속데웁디다
애써가는저봄날 빨리가라고
바특하게쫄면서 살짝뜹니다

목구멍이길어서 소주한잔은
이봄날다풀어서 훌넘깁디다
아예꿈이면혼자 웃고넘길일
또한잔여울처럼 예비웁니다

자투리

시시포스는 커다란 바위를 계곡 밑에서 산꼭대기로 굴려 올리는 형벌을 받았다. 하지만, 정상에 올려놓는 순간, 바위는 계곡 아래로 굴러 떨어진다. 그는 다시 계곡 밑으로 내려와, 처음부터 바위를 굴려 산꼭대기에 올려야 한다. 이 노동은 계속 반복했다. 시시포스는 그래도 행복했다. 바위를 밀어 올릴 수 있었기 때문이다.

바위는 다시 계곡으로 떨어졌고, 시시포스는 계곡으로 다시 내려오며 한마디 했다. 싱긋이 웃으며,

그건 독감인데. 독감이라고.

39

살구꽃복숭아꽃 한창피었다
개나리와목련도 저리피었다
바닥닿은비꽃도 이리피면은
환한세상곱기로 더할수있나

벚꽃도할미꽃도 곱게피었다
달래와양지꽃도 차마피었다
으스러진비꽃에 쩍쩍피면은
붉은멍에어이로 지울수있나

자투리

모래와 자갈이 있었다. 둘은 뒤 섞였다. 모래가 가라앉고 자갈이 떠 있었다. 아무리 감추려고 해도 도드라지는 돌 같은 게 있다. 레미콘처럼 또 섞었다. 돌고 돌아가는 세상, 머리가 흔들렸다.

도대체 지구는 얼마나 돌았던 것인가? 이 거대한 돌덩이가 떠 있으니까 말이다.

누가 이 돌덩이 하나 끌어내 주오.

40

까치하나날아와 먹이를쫀다
빠끔히쳐다보다 날아가는데
잠시날개펼치니 벌써몇십리
길없이나는까치 곳곳둥지데

검은밭떼기펼쳐 파헤쳐본다
좁쌀같은글귀에 누벼보는데
퍼뜩스치는잡새 그새황천리
깜빡잊고본둥지 지옥이었데

자투리

두 사람이 나를 잡고 나무 걸대 위에 올려놓았다. 햇볕은 따스하고 바람은 약간 불었다. 나는 움직일 수 없었다. 눈을 감고 하늘 향해 기도를 했다. 얼마나 시간이 간 것인가? 새들이 날아왔다. 살점이 뜯겨 나갔다. 살점이 뜯겼는데 나는 간지러운 곳을 긁은 것처럼 시원했다. 검은 새 무리가 더 많이 날아왔다. 순식간이었다. 굳게 닫고 있었던 눈알마저 아주 알차게 파먹었다. 그런데도 나는 속 시원했다. 하늘 저편에 군데군데 날아가는 살점들, 이곳저곳 유람하며 잠시 본 세상이 지금껏 여행한 것보다 훨씬 좋았다. 꼬르륵, 어느새 쏜살같이 떨어졌다. 군데군데,

말발굽 소리가 났다. 꽃이 피고 봄날이 오고, 다시 억겁의 시간을 타고 바다에 갔다가 육지가 되고 다시 공기가 되었다가 땅 끝에 흰 눈이 쌓였다.

뽀드득거린다. 뭔가 지나가고 있었다.

41

무심코깊은우물 바라봅니다
돌틈새이끼가득 숨죽어있는
까만얼굴고요히 하늘만보다
누가이고요한물 한됫박뜬다

뜨는샘물있으니 솟는게있고
한됫박퍼올려도 튀는게있다
마냥어둡지않은 우물한곳에
툭툭던지는마음 담금질하나

자투리

깊은 바다에 있었다. 박테리아처럼 유영하면서 어떤 빛을 쫓고 있었다. 순간 거대한 어둠이 지나갔다. 밀려드는 부피에 슬쩍 밀려나는 이 느낌, 순간 흔들렸다. 어디선가 허밍이 들렸다. 언뜻 허리가 잘려 나갔다. 우지직 거리며 속 빨려 들어갔다. 질퍽거리는 가마가 있었고 옆구리가 있었다. 쫀득하게 붙는 피아노와 하모니카도 있었다. 그렇게 깃털은 하나씩 뽑혀 나갔다.

눈웃음치는 너는 예의도 없이 입술만 짓이기다가 뱉어놓는 너는

42

어뢰는반바지에 솥을안친다
둥둥떠다니는말 지켜만본다
카페처럼낮이다 꾹덮은바위
졸졸흐르는귀청 바퀴만돈다

귀없이묶은무덤 나부끼다가
그래도뱉은여정 비빈꽁초를
물레에던져놓고 묵언수행길
잠자리풀끝에서 매듭을푼다

자투리

황톳길이었다. 깜장 고무신을 신고 학교에 갔다. 반 아이들이 나를 놀렸다. 정말이지 그 고무신 벗어 들고 면상을 후려치고 싶었다. 고무신이 아까웠다. 다시 집에 왔다. 고무신을 벗고 그 고무신을 구부리고 놀았다. 다음 날이었다. 비가 많이 왔다. 고무신을 신고 학교에 갔다. 뽀드득 뽀드득거리면 고인 빗물이 흘러나왔다. 다시 집으로 갔다. 빗물이 철철 넘치는 다리를 건넜다. 물살이 센 그 다리를 건너다가 그만 고무신 한 짝 잃고 말았다. 아버지는 나를 호되게 꾸짖었다.

지금도 둥둥 떠가는 그 고무신이 있다. 나를 자꾸 보고 있는 것만 같다.

43

산것과죽어가는 샛노란밭에
지나간발굽보며 핥아먹는다
세상일엮었다면 피할수없는
깃도바람결따라 누운솜털에

벼룩도안되는먼 거리를두고
깊은그늘에웃다 다시보다가
어딘들양지바른 산길있을까
흔적도엮어보면 살길도있지

자투리

엄마는 갈치와 고등어를 팔았다. 나무궤짝에 담은 갈치와 고등어가 자꾸 생각난다. 비린내 물씬 나는 물고기였다. 동네는 아주 큰 도랑이 있었다. 돌미나리와 가재는 흔히 볼 수 있었다. 그 도랑가에는 농협창고가 있었고 그 마당은 우리들 놀이터였다. 동네 아이들과 자치기는 늘 하며 놀았다. 새끼 자는 핑핑 날았고 어미 자는 늘 뒤처리만 했다.

어느 소풍 가는 날, 그 전날 어머니는 그 농협창고 뒤 건물 담벼락에서 나의 손을 펼쳤다. 동전 세 개였다. 십 원짜리 두 개와 오 원짜리 하나 그리고 두 손을 꼭 움켜잡으며 한 마디 했다.

내일 눈깔사탕 하나 사먹으레이.

눈물이 났다.

44

빌딩높은곳에서 내려다본다
색상다양한지붕 올려다본다
변함없는자세로 봉지를열고
내모르는계절을 욱여넣는다

단풍이곱게내린 마당을본다
다닳은지붕위에 다씻은눈을
여름은잊지못해 꿰매놓는다
다젖지못한발이 죽걸어간다

자투리

겨울이면 흰 눈이 펑펑 내렸다. 옆집에 영화와 산에 나무하러 갔다. 무거운 지게를 지고 산에 갔다. 아주 멀리 나갔다. 영화는 산 곳곳 덫을 놓았다. 가끔 흰 토끼 한 마리씩 건었다. 나는 나무를 했고 지게에 얹었다. 너무 무거웠다. 동가리 몇 개는 내려놓고 걸었다. 너무 무거웠다. 동가리 몇 개 더 내렸다. 그렇게 산을 내려왔다. 그 다음날 산에 올랐다. 어제 내려놓았던 그 동가리 지게에 얹어 가져왔다. 또 몇 날, 아버지가 산에 가셨다. 아버지는 아카시아 나무만 지고 오셨다. 딱딱하게 굳은 흰 토끼도 있었다. 가죽을 벗기고 토끼 고기를 냄비에 담았다. 아버지와 함께 그 토끼고기를 먹었다. 정말 맛있었다. 소고기보다 더 맛있었다.

근데 너무 질겼다. 이가 다 뜯겨 나가는 줄 알았다. 무슨 갈비를 뜯는 것처럼,

45

길은막혔다원래 있었던길이
말은하여도글은 쓸수없었던
한쪽을읽고다시 한쪽을보면
깜깜난수표한장 읽지못했다

어쩌면미리보는 막힌골목길
훤히뚫을수있어 하늘맑다면
인생백년아니라 몇백년이라
봄까지다시피어 살수있다면

자투리

하루는 여동생이 울면서 전화가 왔다. 오빠 준비해라. 내가 볼 때는 아빠 치매인 것 같아. 여동생은 촌에 다녀왔는데 아버지가 못 알아보신다는 게다. 그리고 몇 달 후, 수술하셨다. 뇌농양 판정을 받고 이틀 후였다. 말끔히 치료가 되었다. 다시 검사를 받았다. 이번에는 동맥류 두 곳이 발견되었다. 촌에 다시 모시고 보름 정도 몸을 추슬렀다. 아버지는 이 내용을 아시자 이제는 수술 그만하시겠다고 했다. 며칠 후, 아버지는 죽어도 좋으니 수술하자고 하셨다. 보름 후, 수술했다. 이번에는 중환자실에서 4일 만에 깨어나셨다. 그리고 한 달, 일반병동에서 지냈다. 엄마가 간병을 보았다. 엄마는 하루가 달랐다. 간병은 끔찍한 일이라며 다그쳤고, 그래도 어떤 날은 웃으며 말씀하시다가도 이제는 죽어도 좋다고 하셨다. 또 다음 날이면 내가 왜 그랬냐는 듯 울먹이셨다. 아버지는 요양원에 모셨다. 엄마는 눈이 어두워 더는 돌볼 수 없었다.

46

쉬지않고늘이는 어머니말씀
현실은슬픈데도 말은구수해
당뇨오백이라도 짱짱입담들
듣고보면외롭고 쓸쓸한인생

잠시잠깐비우면 우울할까봐
하루에몇번이고 전화드리다
병원천태만상에 우직한소리
째깍째깍당기는 바득한소리

자투리

그리 곱든 어머니도 이제는 천상 할머니가 되었다. 아버지 병간호하시다가 더 죽게 생겼다. 당뇨 높으면 400이 넘고 좀 낮아도 200이다. 200이면 높은 수치인데, 어머니는 즐겁다. 야야 오늘은 200이야. 두 분 각 방 쓰신 지 꽤 오래되셨다. 늘 싸우셨지만 늘 한솥밥이었다. 어머니 눈 어두워 아버지가 밥을 했다. 함께 드셨다. 아버지 치매기가 있은 후, 머리 너무 아파 병원에 모시고 뇌 농양 판정을 받을 때였다. 나는 너무 놀랐다. 의사 말씀을 함께 들었던 동생은 옆에서 울기만 했다. 옆에 어머니는 덤덤하게 있었고, 한 마디 하셨다. 갈 때 되만 가야지. 그리고 어머니는 아버지 옆에 줄곧 계셨다. 이제는 함께 싸울 사람이 없어 좋을 듯한데, 어머님 눈에 고인 눈물을 보았다.

47

미친환풍기였다 더러운것들
뱉은가시에죽은 폐각이었다
삭은다리를들고 덮은묘지에
폭주가지나가며 벽을헐었다

꽂은말뚝을뽑고 밤하늘본다
흐린눈알을밟고 지운손톱을
겨울강끝에서서 켜켜이쌓은
간다말뚝을뽑고 쑥들어간다

자투리

바다는 바다를 보고 있었다. 바다는 봄이 오고 여름이 가고 가을이 오고 겨울이 가도 아무런 말을 하지 않았다. 오로지 툭툭 뱉은 파도만 있었다. 뱉은 파도는 바다에 닿지 않았다. 매년 자라는 섬들만 있었다. 가을이면 노루가 와서 그 섬을 따 가져갔다. 나는 마음이 아렸다. 파도가 없는 바다를 본다. 섬이 다 사라진 바다가 앙상하다. 다시 봄이 왔다. 툭툭 뱉은 파도가 있고 바람이 있어 바다가 풍성하길 바란다. 까치 부리에 진물이 그득하게 묻었으면 좋겠다.

48

마스크있다길에 비오는날에
빙빙돌고있었다 차뒤동태에
꺽끼었다가꺽꺽 탁끊는숨에
길도없는길에서 마스크있다

마스크없다방에 텅빈마병에
적적때만있었다 웃돌바닥에
헐맴돌다가헐헐 언뜻눈물에
길있나길이었나 검정마스크

자투리

출근길이었다. 뉴스와 신문에서만 보았다. 마스크를 사기 위해 줄을 선다는 말, 대구 들어가는 길, 신도시 시지라는 곳이 있다. 대도로 가다. 어느 약국 앞이었는데 사람들이 출근해야 할 시간에 줄 서 있었다. 마치, 전쟁 통에 밥을 먹지 못해 급식을 기다리는 것 같은 풍경이었다.

이 시국을 잘 견뎌야겠다. 자칫 잘못하면 국가 무너지는 초 현상이라도 있을 것 같은 느낌이었다. 김정은의 핵미사일이 아니라 한낱 정치인의 판단 미수에 국가가 스스로 붕괴되는 것 같은 느낌, 거기다가 대출까지 운운하는, 물론 긴축 자금을 조성하여 지원하는 것도 좋지만, 까딱 잘못하면 양적완화로 더 큰 위험을 초래할 수도 있는 일, 아 정말이지 올해 20년은 어찌 시작부터가 이런가!

49

가마솥이검다고 밥도검으랴
누가밥짓는소리 빠득간소리
무릎이되지못해 우직간소리
밥이다아닌밥에 천막간소리

흰밥에개도토리 이게밥이랴
돌직구에넊놓고 차돌뗀석기
돌담에낀무꾸리 슴베간석기
비빈개밥도아닌 짚신꼰새끼

자투리

밥도 알맞게 지어야 한다. 사람이 먹을 수 있게 말이다. 너무 태우면 가마솥과 별반 차이는 없겠다.

그나저나, 얼마나 애태우며 보는 것인가? 짚신이 아니라, 뗀석기, 뗀석기가 아니라 간석기가 보기는 더 좋다.

밤새 피웠다가 간 새는 또 얼마인가?

제 2 장

밤송이

1

탁자빙둘러앉아 마감합니다
얇은가슴왜이리 뛰는겁니까
별총총여린빛에 숨죽입니다
망월이면여한이 없겠습니다

바람불고서늘한 가을입니다
한잎두잎떨어진 이파리처럼
시원히쓸어가는 바람이기로
빈가지하늘높이 쳐다봅니다

자투리

'빵이 없으면 케이크를 먹으면 되잖아요?' 루이 16세의 아내 마리 앙투아네트 왕비의 말이라고 한다. 물론 군중들이 지어낸 말일 수도 있다. 어쨌든 이 말 한마디로 프랑스혁명의 도화선이 된 것은 사실이었으니까!

예전에는 대통령 꿈만 꿔도 복권에 당첨되었다고 하는데 요즘은 대통령 꿈만 꾸면 한 달 내내 재수가 없다고 한다. 거짓 같다는 말에 대깨문들로부터 맹비난을 사는 건 여사고 신상 털기와 악성 댓글 및 협박 전화에 시달렸다고 한다.

그나저나 빵이 없으면 뭘 먹지? 그냥 앉아 손가락 빨 순 없는 일 아닌가!

인생 가을 즈음에 한 잎 두 잎 다 떨어뜨리고 빈 가지 홀로 서 있는 기분이다. 오늘은 비까지 내려서 더욱 고립무원孤立無援이다.

2

글좋고그림좋아 함께모였소
밥먹고차마시며 합평하였소
그림도뼈가있고 글도그렇소
뼛골이있어야지 천하지않소

애썼어돈벌다가 그냥가면은
삶이안허무하오 의미없잖소
보고듣고말하며 배우는것은
비우고도가득해 충만하잖소

자투리

ㅎㅎ, 그림에도 뼈가 있다. 나는 그림을 잘 모른다. 물론 시도 잘 모른다. 하지만, 모르는 그림도 오랫동안 보고 있으면 이해가 될 때도 있다. 물론 시도 그렇다. 명암이 분간이 되고 모양이 드러난다.

나는 이중섭의 '흰소'를 대개 좋아한다. 역동적인 소의 모습에 굵고 실하게 그려놓은 채색, 흰색의 의미가 가끔 눈살 찌푸리게 할 때도 있지만, 역시 이중섭의 내면을 의식할 수 있는 색감이다.

문학모임도 여유가 있어야 하지만, 그렇지가 못했다. 시집도 모임에서 인정을 받고 함께 했으면 좋았을 뻔했다. 그전에 내면의 안정이 우선이었다. 무엇을 표 내는 것은 궁핍한 처지만 더 드러내는 것 같아 못내 부끄러웠다.

3

밤송이보다더큰 대추입니다
대추보았습니까 전먹습니다
몸에좋은왕대추 오늘도한입
내일도한모금은 좋겠습니다

몸만몸이아니라 내머문자리
무릇대추같아서 다듬습니다
잘다듬은자리는 왕대추처럼
선뜻한입물면서 깨먹습니다

자투리

경산은 과수농사를 꽤 짓는다. 커피 교육을 하다보면 교육생으로부터 받은 과일이 한두 가지가 아니다. 참외, 대추, 모과, 포도, 복숭아까지 먹을 수 있었다.

요즘은 유전자 변이로 지은 것인지는 모르겠다. 대추가 밤송이보다 더 크다. 물론 밤도 그렇다. 웬만한 밤 알 하나가 우리가 소싯적에나 보았던 그 밤보다 몇 배나 더 큰 것도 흔하게 본다. 과수가 이리 굵고 커서 먹기에는 딱 좋다.

과수처럼 폭폭 익은 하루를 접시에 담아보자.

4

흐르는물을봐라 모양도없고
색깔도없지만은 누가피하랴
우리도저물처럼 낮게흘러서
한점놓이는이길 곱게놓아서

누가열어도고와 고운손길로
눈인사맺듯미소 가득한꽃길
오늘은맑았다가 또흐렸다가
마주한눈이곱게 또이끌어서

자투리

누가알겠나마는 이어린구름
그래도한번피다 피다간것은
구천일랑떠도는 한쪽숨결도
달빛처럼놓이다 피다갈것을

예라모르겠다고 덮지나말고
자슥한번더봐라 혹시모른다
두번눈길에정은 이리붙어서
따라울다가대쪽 한점놓인다

그래 일기는 나와의 대화다. 한 번씩 펴보자. 그날은 어떤 고민이 있었고, 어떻게 보냈는지, 그리고 지금은 또 어떻게 보냈는지. 힘은 들지 않았는지. 우울했거나, 말 못 할 사정은 또 없었는지 말이다.

5

소득주도성장론 정말죽겠네
교과서도원론도 없는이논리
최저임금상승에 투자상실에
누가기업하겠냐 문닫고말지

실업자만늘어나 있던가게도
손끊긴지오래라 에라문닫네
떠나네떠나가네 하나둘가네
소득주도성장론 진짜죽겠네

자투리

방탄소년단의 정규 4집 앨범이 미국 빌보드 차트인 '빌보드 200' 4주 연속 1위가 유력하다는 전망이 나왔다. 이 정도면 팝의 전설이라고 불리는 비틀스를 뛰어넘는 대기록이라고 한다. 이 책이 나올 때쯤이면 이 기록을 깨뜨렸을지도 모르겠다. 방탄소년단의 데뷔 때 노래다. 가사에 이런 말이 나온다. 네 꿈은 뭐니?

가게 하나로 먹고살기가 힘들었다면 하나 더 열려고 했다. 하나 더 열어서 영업해보니 세금과 인건비 그리고 가게 세와 전기요금까지 내면은 적자 보지 않으면 다행이다. 하나씩 문 닫기 시작하여 나머지 한 개의 점포도 코로나 사태로 문을 닫았다. 더 걱정스러운 것은 외국인은 묘하게 눈에 띄는데 왜 우리나라에 살면서 우리나라 사람은 상대적으로 없어 보이는가?

정말, 내 꿈은 무엇인가?

6

가을짧게간다지 어느새추워
중년세월도가을 왜이리춥나
이러다그냥가나 그냥가야지
잎다떨어뜨리고 마그냥가지

가을짧아서좋아 길면못견뎌
아쉬운듯아닌듯 또허전한듯
훌훌바람에겨워 홀가분하게
날린듯타는듯또 바싹거리듯

자투리

사계절을 한 번 생각해보자. 봄, 정말 빨리 간다. 꽃이 핀 것 같은데 꽃은 지고 벌써 여름이 성큼 와 있다. 무더위가 오래갔다고 생각했더니 벌써 가을이다. 가을도 참 빨리 지나간다. 추석 지나고 귀뚜라미 소리 들은 것 같은데 아침저녁으로는 쌀쌀하고 해가 짧음을 본다. 겨울이 왔다. 추위 때문일까 그렇게 또 길게 가는 계절도 없을 것이다. 빨리 봄이 왔으면 하는 바람은 몸서리치도록 배겨내기 어려운 추위 때문은 아닐까!

인생도 가을, 가을 참 빨리 가겠지! 나의 겨울은 얼마나 길까, 온몸 성하지 않으면 힘들겠지. 그 겨울을 준비하겠다고 보험도 들고 마냥 애쓰며 현재를 지탱한다. 얼마나 버틸 수 있을지는 모르겠지만, 말이다.

먼 훗날 바싹거리는 이파리 한 장은 있었으면 좋겠다.

7

순리대로가야지 어기면안돼
가자흐르는대로 그래도안돼
흐르는이바람결 꺾을수있나
서로부대끼다가 때되면갈래

폭고꾸라졌다가 스러졌다데
비오고눈이와도 그냥누웠데
어데멧기슭에마 달만비추데
훤한달빛보다가 이지러졌데

자투리

영업은 본래 어려운 것이다. 영업은 영리를 목적으로 활동하는 일을 말한다. 일이란 곧 자신의 영역으로 끌어들이는 것도 맞는 말이다. 내 것을 파는 행위를 떠나 내 모든 것을 파는 것이다. 영리를 목적으로 하는 것이지만, 교역의 규모를 넓혀가는 것이 오히려 더 맞을 것 같다. 내 것만 파는 것이 아니라 내 것을 팔기 위해 상대의 어떤 물품도 사 들여야 할 때가 있다. 순수하게 내 것만 파는 영업은 잘 없지만, 내 것만 판다는 것은 그 속에 숨겨진 브랜드의 비밀, 스토리 같은 것이 풍부하다는 말이다.

에휴, 영업력이 좋다는 것은 이야기를 만들 수 있고 서로의 교역을 더 풍부하게 할 수 있는 능력이겠다.

나는 얼마나 많은 이야기를 생산했으며 상대의 물건은 얼마나 많이 사 들였던가?

8

보면예쁜카페라 마하고싶지
돈들여감옥생활 따로없어라
동네방네카페라 손님은없지
카페에혼자앉아 커피마시지

예쁜것그냥보면 마갖고싶지
뭐하나있다는게 무겁기만해
기꺼이앉아보고 떠나는거야
예쁜건그냥보고 지나는거야

자투리

가장 강력한 언어는 행동이다. 내가 가장 갖고 싶었던 것에 대한 욕망은 곧장 풀어야 한다. 다음은 관계다. 카페든 아니든 그 무엇이든 나와의 관계가 적절한 것이었던가? 그것이 충분한 위안이 되었다든가? 아니면 내가 그것을 위해 충분한 그 무엇이 되었다든가? 다음은 의지다. 그것을 위해 끝까지 지켜 나갈 수 있었던 마음 말이다. 며칠 해보고 이건 아니다 싶어 접었다든가, 맞지가 않았다든지, 디자인이 아니었다든지 말이다.

작은 것에도 행복이 있다. 정말 그 작은 것을 위해 나는 얼마나 많은 것을 투자하며 일을 할 수 있는지 말이다. 기꺼이 앉아보고 떠날 것 같으면 정은 없어야겠다.

9

추수가가까운데 태풍옵니다
성난폭군과같이 바람붑니다
가을에맺은열매 그바람에뚝
떨어집니다뚝뚝 쳐다봅니다

설익은이한목숨 쓰일까마는
너른대지에안겨 포근합니다
이대로폭폭썩어 뭉그러져도
점점가볍기만해 손흔듭니다

자투리

득실과 시비를 생각해보자. 일은 늘 이익과 손해가 뒤따른다. 득실은 살아있을 때, 잘잘못이라면 시비는 이미 결정 난 것에 대한 평가다. 그래서 옛 선인들은 얻고 잃음은 한때이지만, 옳고 그름은 천년이라고 했다. 한 때 떵떵거리며 살다가도 사후, 몇 년이 될지는 모를 일이다. 시비는 두고두고 따르는 것이라 그 어떤 일이든 가벼이 여길 순 없다.

가을에 부는 태풍은 달갑지가 않다. 조금만 더 있으면 제철 무르익은 과일로 한 입 따먹을 수 있으니까!

10

비오면오는대로 받았던물통
똑똑마음을담아 통째비워요
비오면빗물받던 굳은마음은
새카맣게타들어 무겁습니다

비오면젖었다가 받쳤던마음
뚝뚝버린그마음 홀가분해요
비오면대못처럼 그늘만깊어
모과같이걸어둔 아픔입니다

자투리

모과는 나무에 열리는 참외라고 해서 목과(木瓜), 혹은 목과(木果)라고도 쓴다. 모양은 못생겼지만, 효능은 꽤 있다. 본초강목에서는 '모과는 주독을 풀고 가래를 제거한다. 속이 울렁거릴 때 먹으면 속이 가라앉고 구워 먹으면 설사에 유용하다.'고 했다. 동의보감에는 '힘줄과 뼈를 튼튼하게 하고 다리와 무릎에 힘이 빠지는 것을 낫게 한다.'고 기록돼 있다.

모과는 방 안에 그대로 놓아두어도 방향제 역할도 꽤 한다. 옛 여인은 사랑하는 남자가 생기면 모과를 선물했다고 한다. 그것도 익은 모과를 말이다. 썩어가면서도 향기를 잃지 않는 모과의 속성을 대변했다.

사람은 혼자 잘 놀 수 있어야겠다. 문학은 그 놀이 방법 중 하나다. 처신을 잘못하여 잃어버린 명예가 얼마나 많은가! 모과같이 폭폭 익는 향은 말년에 있었으면 좋겠다.

11

경산카페조감도 전국최고라
커피맛으뜸으로 소문났지요
삼천리우리강산 통일된다면
동포들잊지말고 경산오세요

이작소찾으세요 기뻐내려요
따뜻하고정많은 커피한잔요
우리강산경산은 이름났지요
삼성현고장작소 하나없어요

자투리

좀 심했나 싶다. 뭐 거짓 하나 안 보태고 떳떳하게 쓴 것이다. 우리는 100% 아라비카 커피에 직접 볶아 내린다. 아침이면 직접 볶은 커피를 맛보는 일로 하루 시작한다. 카페 바에 서 보면 안다. 아직도 커피를 제대로 알고 주문하시는 분은 잘 없다. 정말 한 잔의 커피를 제대로 맛보려면 드립 커피 한 잔이 제격인데 말이다.

경산은 삼성현의 고장이다. 삼성현이면 서기 617(신라 진평왕 39)년, 지금의 경상북도 경산시(당시 압량군)에서 태어난, 원효(元曉)와 신라가 삼국을 통일하기 직전인 태종 무열왕 때 성사(聖師) 원효(元曉)의 아들로 태어나 문무왕, 신문왕, 효소왕을 거쳐 성덕왕 때까지 활동한 유학자, 설총(薛聰) 그리고 서기 1206(고려 희종 2)년, 지금의 경상북도 경산시(당시 章山)에서 태어나신 일연(一然) 선생을 일컫는다.

여기에 작소(鵲巢=필자) 하나 얹으면, ㅎ 그냥 커피만 열심히 하자.

12

오로지그칼날에 뜯고싶었다
피흘리는틈새를 읽고싶었다
붕대감은칼날은 불변이었다
날개어린편백만 싹을틔웠다

외다리로선백로 비맞고있다
흐르는도랑물만 보고있었다
바람이몹시불어 끔뻑이는눈
지나는차만보고 그냥서있다

자투리

코로나 사태로 온 국가가 마비가 되었다. 이러는 가운데 서울 모 선생님께서 문자를 다 주셨다. '작소님, 대구 쪽이 이리 어려우니 걱정입니다. 경산에도 타격이 크지요? 어쨌든 건강 잘 지키셔서 어려운 고비 잘 넘기시기 바랍니다. 힘내세요.' 답변 문자를 드렸다. '삶에 여유가 없다 보니요. 인사도 못 드렸습니다. 여긴 말이 아니네요. 다들 어디 갔는지 모를 정도입니다. 모든 상가는 벙어리처럼 문 꾹 닫은 지 오래입니다. 낮도 그렇지만 밤은 더욱 적막하기 그지없습니다. 그 많은 시민들은 다 어디 갔는지 말이에요. 봄날 꽃피면 필 거라는 희망만 가져보네요, 감사합니다. 선생님 건강 챙기셔야 합니다.'

모 시인은 봄을 기적이라고 표현한 분도 있다. 정말 기적이 아닌 기적이 올 것인가? 주가는 하염없이 추락했다. 어떤 사람은 이 시국에 못 빠져나가 안달이 났는가 하면 어떤 사람은 이 시국에 웃는 사람도 있을 것이다.

마스크만 낀 채 새까만 문지만 점점 쌓아 놓았다.

13

노란국화저홀로 길가피었다
가을햇볕에흠뻑 젖어있습다
오는길가는길에 저여유로움
싱싱달리는차로 홀로피었다

노란국화저홀로 길가피었다
가을달빛에함뿍 젖어있습다
커피처럼맛있게 향을뱉었다
바퀴처럼나부껴 깊어슬펐다

자투리

언제부터 여유를 잃었을까? 언제부터 사랑을 잃었던가? 늘 혼자서 걸었던 것 같은 이 느낌, 점점 말수는 적고 벽돌 같은 근심만 늘었다. 행복의 원칙은 어떤 것인가? 칸트가 말했다. 첫째, 어떤 일을 할 것, 둘째, 어떤 사람을 사랑할 것, 셋째, 어떤 일에 희망을 가져야 한다고 했다.

일을 일찍 손 놓으신 부모님을 뵈면 늘 마음이 아프다. 사랑은 책임이 따른다. 책임 가는 일이 무서워 사랑도 일찍 버렸다. 다시 내게 사랑이 올까 봐 끔찍이 생각하며 사는 건 아닌지 모르겠다. 다음은 일이 있어야 하는 것도 중요하지만, 그 일에 희망을 가져야 한다. 중요한 말이다. 올해는 망했다. 연초부터 코로나 사태로 한 달은 기본 문 닫고 시작했다. 언제까지 이 사태를 지켜보아야 하는지 아직도 미지수다. 생각이 바퀴처럼 흐르고 슬픔이 밀려왔다.

일을 좀 더 사랑하며 내가 갖고 싶은 물질 같은 것을 떠올려보자. 가령 콘크리트로 낙원을 지을 수 없지만, 콘크리트로 노출 같은 뽀대나는 집은 생각할 수 있겠다. 오로지 하나의 일념만 생각하며 살아보자.

14

열고개스무고개 너머걷는산
뛰었다가걷다가 마주보는산
쟁반위에얹은꿈 고지마다산
고개고개산고개 너머걷는산

산이좋아오늘도 산속에숨고
숨은숨소리죽다 다시숨쉬면
산좋아허문장벽 붉은눈시울
눈시울비집고연 단풍참깊다

자투리

스스로 만족하지 못하는 사람은 주어진 하루가 고투다. 일과를 마치고 내가 만든 카페에 혼자 앉아 베토벤의 음악을 듣곤 한다. 피아노 협주곡 '황제'를 듣기도 하고 '영웅'이나 '운명'도 들어보는데 아찔한 것을 느낄 때도 있고 저릿한 그 무엇이 지나갈 때도 있다. 밤은 더욱 어두워서 아직도 못다 한 하루가 잠을 청하지 않는 야삼경에 주르륵 주르륵 흐르는 피아노 소리와 주우욱 주우욱 긋는 현악기의 울림은 심장만 멎게 한다.

나는 베토벤의 57년의 삶을 어떤 언어로 듣고 있었던 것이다. 어쩌면 돈벌이에 치중한 삶을 살았던 아버지 밑에서 음악과의 고투, 폐결핵으로 일찍 죽음을 맞이한 어머니에 그 슬픔이 배인 곡, 프랑스 대혁명의 기운이 유럽을 뒤덮을 때 공화정의 예찬자였던 나폴레옹을 흠모한다거나 신분의 격차를 결국 이기지 못한 사랑 같은 것이 그에게는 있었다.

가난과 불행과 병고가 있어도 그의 손에는 신들린 음표만은 있었다.

15

말이중국과달라 만든문자다
세종이직접만든 우리문자다
우리말과우리얼 담을수있는
고유한우리문자 소리문자다

과학적인자음은 다섯자에서
철학적인모음은 천지인에서
열일곱자자음에 모음열한자
우주만물의자질 조합문자다

자투리

한글의 우수성은 더 논할 이유가 없다. 우리의 소리를 고스란히 담을 수 있는 문자, 한글이다. 밤마다 밤마다 온 하룻밤, 쌓았다 헐었다 긴 만리성이다. 누구나 이용할 수 있고 누구나 보듬고 다듬고 어루만지며 다시 내일을 생각하는 이 착한 문자 같은 어떤 것을 만들거나 가질 수는 없는가! 나만 홀로 가지는 게 아니라 온 사람이 모두 즐겨볼 수 있는 문자 아니 문자와 같은 것은 무엇인가?

동치미 같은 것이 흐르고 거기에다가 향긋하면서도 구수한 것, 촌극까지는 아니지만 그 촌스러움을 버릴 수 없는 문자, 누구나 읽어도 소박해서 부담이라고는 티끌만치도 없는 그런 장맛에 그 어느 것도 찍을 수 없는 맵고 아찔하고 뻑 터지는 숨소리 같은 것은 무엇인가? 그렇게 깊지도 않으면서도 결코 얕지도 않은 그런 바가지 같은 것, 기어코 담을 수는 없는가!

아무리 봐도 우리글의 그 멋스러움은 인류가 살아 있는 한, 두고두고 보아도 질리지는 않겠다.

16

검정빗을펼쳤다 틈새에낀때
그때를씻고다시 빗을보았다
머리카락이돋아 절로돋아서
빗을바라보았다 때가득하다

일정한간격우뚝 솟은교각을
모노레일과같은 빗는교감을
닿는깊이와촉감 그리고총총
긴숲을비집다가 벽에건소외

자투리

우리의 마음은 어떤 색깔일까? 하루를 온전히 버텼던 마음 덩이 하나를 놓고 도끼와 큰 칼을 가지고 빗는다면 어떤 모양이 나올까? 얼마나 많은 껍질이 이리저리 흩어질까?

얼마나 많은 머리카락을 빗어야 하는 건가? 빗은 빗으로 있을 때 가장 행복하다는, 어떤 행복론은 맞는 말일까? 아무짝도 쓸 수 없는 빗보다는 온전히 서는 모노레일과 같은 빗, 전철 같은 것, 딱딱하고 굳은 것을 놓을 때마다 한 번씩 전율이 오고 그럴 때마다 무언가 띵 받다가 스러지는 까마귀의 울음이 저 먼 숲으로 사라질 때 소외감이 피아노 건반처럼 흘렀다는 것을,

오늘은 비가 왔고 내일은 맑을 것이라는 막연한 기대를 대인춘풍待人春風 지기추상持己秋霜이라는 문자를 올리고 돋아난 이 머리카락을 또 자른다.

일정한 간격으로 오늘도 우뚝 솟았다.

17

그렇게귀뚜라미 울며간계절
샛노란엽서처럼 툭떨어뜨린
흠뻑가을향기에 취하고보면
어느새달빛타며 혼자누웠소

비쓸며담는아재 저아재처럼
시소의동쪽끝은 텅텅비웠소
얼룩말이달려간 초원이었소
이글거리며도는 맹독한방울

자투리

우리는 귀뚜라미를 모른다. 귀뚜라미가 어떤 색깔인지? 귀뚜라미는 왜 주방에서 발견되는지? 귀뚜라미가 우는 소리 즉, 귀뚤귀뚤 귀뚜러 귀뚜러 하면서 가을을 끌고 오는 이유를 우리는 모른다.

마음의 발과 죽음의 손이 몇 개인지 알 수 있다면, 우리는 허공을 매번 퐁당거리지도 않겠다. 오늘도 폴짝 거리는 마당에 얼마나 많은 새와 고양이와 사마귀가 있었다는 것을 우리는 또 모른다.

다만, 드론처럼 복사한 영상을 한쪽은 깨끗이 비운 바퀴만을 고대할 뿐이다. 가볍게 헛도는 일, 그것이 진정 귀뚜라미의 역할이 아닐까 하면서 말이다.

역시 까만 귀뚜라미는,

한 입 뭉긋하게 문 노을에 이글거리며 도는 맹독 한 방울이다.

18

빈공원에풍뎅이 한마리앉다
모차르트협주곡 사십팔번곡
둥둥북은북대로 펼쳐날다가
지아비잃은날개 곱게접다가

가뿐히걷는산책 따다모은별
지휘봉에꿴건반 다시또울고
나죽어죽겠다고 뻥뚫은사족
심장에칼을긋듯 이슬두방울

자투리

점점 고립되어 가는 느낌이다. 카페 사업은 앞으로 어떻게 될지 그것도 미지수다. 코로나-19로 길거리에 웬만한 큰 식당은 문 닫은 지 오래, 배달만 성행이다. 보험회사 지점장께서 모 닭집 쿠폰 한 장을 보내셨어, 카톡을 열고 전화했다. '모모 치킨인데요. 몇 분 안에 배달될 거고요. 배달비 2,000원 별도 있습니다.' 정말 편리한 세상이다.

진량에 종신보험 계약 차 모 보쌈집에 다녀왔다. 점장도 마스크, 안에 일하는 직원도 마스크, 태블릿 들고 들어간 나도 마스크를 꼈다. 삼성생명 모 FC입니다. 아! 네 앉으세요. 그리고 동의서를 받고 이것저것 물으며 계약서를 작성하는데 손님 한 분이 들어오신다. 직원이 홀 손님은 지금 받지 않습니다. 정말 죄송합니다. 하고 정중히 사절했다. 옆 테이블에는 포장상자와 들 것만 수북이 있었다.

예부터 우리민족을 또 다른 말로 배달이라고 했다. 배달민족이 배달의 민족을 자주 애용하는 시대, 코로나 사태를 맞은 이 시대에 웃지 않을 수 없는 성수기를 맞은 업체도 있었다.

마스크가 치킨을 든 상자를 마스크에게 건넨다. 맛이 꽤 괜찮다.

19

희끗희끗센머리 핏기도없다
어디를들러봐도 머리얘기뿐
거래한지이십년 늙음을본다
근심발이하얗게 수만놓았다

사는게여간일이 아님을본다
입맛도잃고몸도 가버린오후
하루처럼인생도 훌간것같아
아직떠나지않은 근심만안다

자투리

옆 지점 모 FC로부터 문자를 받았다. "문재인이 대통령 되니 나라가 문제가 되고 조국이 장관 되니 조국이 시끄럽고 추미애가 장관 되니 온 나라가 추해지더니 이젠 정세균이 총리 되니 온 나라가 세균(코로나-19)으로 망조가 들었습니다. 문재인이 취임하면서 선언했던 '한 번도 경험해 보지 못한 나라'를 세 글자로 줄이면? 新天地(신천지)"

풍자諷刺다. 위 글은 공공연하게 떠도는 문자일 수도 있고 직접 쓴 글일 수도 있겠다. 세종대왕과 같이 성군께, 위와 같은 글은 있을 순 없겠다. 그러면 풍자가 아니라 비방이겠지. 풍자란 비유로 찌르는 것을 말한다.

여하튼, 세금은 어찌 매년 더 오르고 더 오른 것은 세금뿐만 아니라 땅값과 집값, 물가, 유가까지 더한다. 자영업자가 좀 나아졌다는 얘기는 이 정부 아래에서는 없었다. 필자도 오죽하면 투잡을 하겠는가! 하루 발 건너는 불안한 시대에 머리만 희끗희끗하다. 핏기도 없고 근심 발 하얗게 수만 놓고 있다.

20

가만앉아있어도 숨쉴수없고
그렇다고걸어도 속답답해서
어찌할수없었다 이십년장사
이렇게불안한건 처음이었다

마음이답답하여 커피마시고
책을보아도그냥 지나쳐간다
이지경이되도록 무엇을했나
뭘어찌해야하나 뭘어찌하나

빈가게크게노래 틀어놓아도
온종일흐른노래 내나그노래
목이메고곤해서 울먹거리면
벌써어둠만짙게 깔아놓았다

아무런뜻도없고 희망도없는
어둠같은이길에 눈뜬봉사라
한숨크게내쉬면 또숨막는일
두려움에떨다가 소름만돋다

자투리

뭘 어찌 하긴, 그냥 있지. 서점에 나온 책 중 책 제목이 재밌는 게 있었다. 작가 하완 씨의 '하마터면 열심히 살 뻔했다.' 그러니까 열심히 살고 있지도 않지만, 그렇게 아등바등 살 필요도 없겠다는 암묵적인 표현이다. 대한민국에 사오십 대면 살 길이 막막하여 열심히 안 사는 사람이 없을 것이다.

하루는 미용실에 다녀왔다. 미용사는 빗과 가위를 들고 머리를 자른다. 이번 코로나로 여간 타격이 말이 아닌 갑다. 투덜투덜거린다. 뭐도 내야하고 뭐도 내야하고 낼 게 천진데 이놈으것 손님 발길마저 뚝 끊었다며 하소연이다. 종업원이 여럿이 둔 집은 아예 문 닫았다. 이래나 저래나 달마저 작아 적자 볼 건 뻔한 일이라 문 닫고 처신한다. 그렇게 처신하는 업주도 속 편한 사람이다.

직원도 한 달 쓸 돈이 있을 텐데, 이런 오지랖도 없을 것이다. 다만 시간을 단축하여 영업했다. 왜냐면, 새나 고라니도 보아야했고 한 번씩 찾아드는 고양이도 밥을 줘야했다. 2월 하늘이 휑했다.

21

마음이괴로워서 이슥한저녁
맥주에소주타서 한잔마셨다
한왕이도망가고 초왕이붙어
사세바뀌었다만 꼭항적같아

살아서더볼영화 이제는없다
맹독한방울놓아 콱죽고싶다
술이날개가되고 선한하늘에
구름이다가다시 피는하늘에

훨훨날아꿈처럼 잠들고싶다
세탁한사바세계 훨털어내고
두둥실나비처럼 거닐고싶다
색깔도없고그래 잡을수있나

구름처럼뭉쳤다 흩어졌다가
모양도없고성질 더욱없으니
그렇다고갈곳이 어데있을까
그어떤일도담지 않아좋아라

자투리

IMF 구제금융 신청을 발표한 지도 20년이 넘었다. IMF 때도 일을 했다. 그때는 20대 후반이었다. 내나 커피를 배달하고 기계를 수리했다. 기계도 팔았다. 열심히 일하면 내 가게 하나는 낼 수 있고 아파트 한 채는 살 수 있겠다는 생각을 했다. 정말 말처럼 됐다.

곰곰이 생각한다. 그때도 어려운 건 마찬가지였는데 그런데도 일은 됐다. 지금은 어찌 이런고? 세금이 그때 비하면 훨씬 많고 경쟁은 그때나 지금이나 마찬가지고 인건비 또한 하나의 상가를 운영하기에는 마뜩치 않게 올랐다. 투자 대비 수익이 없는 셈이다.

인심도 점점 각박한 것도 문제다. 세금은 있는 사람이 더 내지만, 시기 질투는 그나마 덜 내는 사람이 더 많은 법이다. 떠도는 말이 무섭고 상황이 더 어려울까 또 무서운 사회다.

왜 이리되었을까?

젊은 사람은 일찍 결혼하고 아이도 주렁주렁 낳는 사회, 이리하여 좀 더 젊은 사회가 되었으면 좋겠다. 일자리가 풍부하여 누구나 원하는 일을 할 수 있으며 또 좋은 아이디어가 있으면 쉽게 창업해서 돈을 벌 수 있는 사회면 얼마나 좋을까 말이다.

어디를 가더라도 외국인은 쉽게 볼 수 있고 우리의 젊은 사람은 더없이 보기 힘든 사회다.

22

바잡다혼자가지 같이안간다
어떤일도혼자서 혼자서하라
방울도다듬이도 쓰레때에도
빗뜨다잠잘때도 무조건혼자

혼자누워있으라 돌처럼누워
날아가는깃털과 쌓인먼지를
고스란히받들자 돌같이누워
돌을깎자성문을 만들고눕자

자투리

방탄소년단 앨범 제7집이 나왔다. 세계 음악가의 빅뉴스였다. 앨범 발매하기도 전에 벌써 400만 장이 팔렸다고 하며 앨범 나온 지 1주일 만에 몇 백만 장이 팔렸다는 둥 소식이 끊이지 않는다. 음악평론가의 해석도 다채롭다. 한국적인 리듬을 가미했다는 둥 DJ snake의 리듬이 들어 있다는 둥, 밀리터리 음률과 국악의 색채가 아우러진 리듬도 있었다는 그런 얘기들이 무성하다. 무엇보다 힙합적인 요소는 틀에 박힌 세상을 벗은 듯했다. 근데, 음악은 참 묘하단 말이야! DJ snake의 몇몇 뮤직비디오를 이참에 보게 됐다는 데 있다. 사막을 질주하며 느긋하게 부르는 이국적인 노래와 큰 달팽이가 모래밭을 기어가는 영상과 다채로운 의상 디자인은 묘했다. 따끼 따끼, 따끼 따까 룸빠 따끼 따끼 코따끼 룸빨 히히 재밌지 않나!

히히 나도 랩(중얼중얼)을 해 본다. 도오올 가아치 누워 도오을 까아악 짜 성문을 만들고 누웁짜. 오오 오오 오 도오올 돌 도오올 돌 도오올가아치 누워 도오올 돌 그대는 도오올 돌 가아치.

23

딱만사년쪼매더 일하고갔네
조감도간판여태 따로없었네
애석해애석하네 가을은가고
찬바람은부는데 영떠나갔네

사람보고온다지 이좁은가게
여태커피내렸지 가릴것없이
오고가는손님께 인사드렸지
또오시라고두손 곱게모았지

사람하나못지킨 대표뭐했나
경기좋지않아도 손썼어야지
제몸자르듯울컥 가슴아팠네
미운정고마운정 가슴에닿네

어데가시더라도 건강했으면
대봉은이리붉게 익어가는데
사람은아주갔네 떠나갔다네
어디라도건강은 꼭꼭지키세

자투리

30만 년 전 네안데르탈 인, 평생을 바쁘게 뛰어다닌 종족, 평균 수명 30년 설원을 거닐고 추위에 꽤 강했다. 혹독한 환경에서도 절 견뎠다. 뇌가 지금의 우리보다 더 컸다. 어째서 이 종족은 멸종되었을까? 추위 때문일까? 아니면 소통의 부재인가? 그들도 언어는 있었다고 한다. 마치 흥얼거리듯 우우거리기도 하고 으아으아거리기도 했다. 호모 사피엔스보다는 그 소리가 다양하지가 않은 것은 사실이었다. 그러면 호모 사피엔스는 다양한 언어를 구사하였기에 지금까지 살아남은 건가? 분명한 것은 언어는 보다 더 큰 집단을 이루게 하며 결속을 더 다지게 하는 건 분명하다. 하여간, 코끼리 같은 들소를 잡는 데 사용한 울대가 BTS의 노래보다는 단조로웠다.

지구 상의 그 어떤 종도 잠시 다녀갔지 영원히 살아남은 종도 없었다는 것도 기억하자. 인류의 역사는 극히 짧다. 점점 이스터 화 되어가는 지구를 본다. 5000년, 500년, 50년, 5년, 지금, 5년 후의 삶은 어떻게 되어 있을까?

24

주차장은하얗게 비웠습니다
무엇을써야할지 앞이어려요
나만그런가싶어 딴집보다가
여태차한대없이 담배피워요

상인은울상에다 두렵습니다
두눈뜨고보아도 여전히어려
손쓸일있을까만 다만연기뿐
이집저집나와서 서로봅니다

자투리

개점하고 커피 한 잔 마신 후, 바깥에 잠시 나와 있으면 옆 집 사장도 나와 있는 모습을 간혹 본다. 서로 인사한다. 그리고 저녁 답에도 또 나와 서로 눈을 마주치기도 하는데, 어찌 주차장에는 차 한 대 없이 보내는 날도 적지가 않다. 하루는 옆집 사장이 보이지 않았다. 옆집은 원래 본점 사장의 직영점이라고 했다. 내가 여태껏 본 사람은 직영점 바지 사장인 셈이다. 매출이 적어 스스로 나갔다는 소식을 들었다. 손님이 없는데 녹을 받는 것도 미안해서 나가셨다. 주위 상가 사람은 그 사람 참 인품은 있었네 하며 얘기한다. 스스로 나가기까지 얼마나 고민이 많았을까? 일자리도 그리 쉽게 구할 수 있는 처지도 못 되는데 말이다. 늘 하얀 담배연기를 뿜으며 마당가에 서 있는 모습이 아직도 선하다.

25

보았는가작금의 경제난국을
대담한가아니면 대책없는가
어찌이지경인가 더는못참소
쓰러집니다풀이 완전히눕소

허무맹랑한이론 이제는접소
밑바닥작은바퀴 얕보지마소
이빠진바퀴어찌 돌아가겠소
민초가튼튼해야 시간도있소

자투리

조선의 신분 체계는 양반과 상놈이었다. 직업에 대한 귀천이 뭐 있어, 그냥 일만 열심히 하세. 말만 그렇다. 아직도 조선시대부터 내려온 악습 사농공상士農工商의 직업 귀천은 여전하다. 우리나라에 들어와 있는 외국인을 보면 알 수 있다. 특히 대학가 주변은 더 심하다. 어디를 다녀도 쉽게 볼 수 있다. 직접 가 보지는 않았지만, 공장도 마찬가지다. 하루는 기초생활수급자인 친구로부터 이런 말을 들었다. 인력시장에 나가면 우리나라 사람보다 외국인이 더 잘 팔린다고 했다. 우리나라 사람이 우리나라 사람을 쓰지 않는다. 오히려 외국인이 일은 더 잘한다고 했다. 양반을 먹여 살렸던 것은 상놈이었다. 지금 우리나라를 이끄는 노동자는 물론 상놈(평범한)이다. 가만히 기회를 노리는 자보다 훨씬 낫다. 아무것도 하지 않고 집에만 들어앉아 있는 우리의 청년을 보라! 참 막막하기 그지없다.

어디든 바퀴처럼 굴러야 한다. 구르다 보면 또 다른 세계가 보이고 그 속에서 일을 배우고 교제하며 그 일을 좀 더 모색하면 분명 좋은 날은 있을 것이다.

26

저스트알좀비네 물질러와라
심장은멎었지만 살아숨쉬네
저것봐눈살았어 똑바로보네
마치잡을먹을듯 붙잡고있네

저스트알웃기네 눈뚫리겠네
꿈틀살아숨쉬는 저건좀비네
한번잡으면절대 놓지를않아
이제그만자시게 꽤큰돌얹네

자투리

모 카페에 다녀왔다. 점장님과 대화를 나눴다. 시국이 어려워 나라에서 자영업자에게 베푸는 대출이 있다고 했다. 이자율이 2%가 안 된다. 최고 한도로 빌릴 수 있는 돈이 7,000만 원, 마음이 훅 당겼다. 지난 14년도였지 싶다. 이 돈을 한 번 쓴 적 있다. 그리고 모두 상환했다. 상환하기까지 참 힘들었다. 점장의 말씀에 다시 마음이 끌렸다. 돈을 융통할 때였다. 은행 다니는 친구가 이런 말을 했다. 원금 분할상환하지 않으면 평생 가도 그 돈 못 갚을 거야. 맞는 말이다. 분할 상환, 그 고통을 생각하면 빌리고 싶은 마음은 추호도 생기지 않는다. 그러나 시국은 또 어렵다. 빌려야 하나, 아니면 가게 문을 닫아야 하는 건가! 이리저리 생각해도 답은 없었다. 생각에 골몰하고 있는 차에 점장님은 한 말씀 더 잇는다. 작년에 비해 매출이 10% 이상 떨어졌으면 대출이 가능하다고 했다. 웃음이 일었다. 대구와 경북 지역에 매출 10% 이상 안 떨어진 곳이 있을까 말이다. 나라를 이끄는 나라님께서도 여간 신경 쓰이겠다는 생각도 든다. 어찌 시국이 이렇게까지 왔을까! 주위 가게 문 닫은 곳도 많은 데다가 코로나로 인해 이제는 아예 문 닫은 업체가 속출하고 있으니까 말이다.

27

앉아서보는것도 꽤괜찮다만
유람하며보는일 더욱좋다네
세상은변했으니 좁은동네가
좁지않고넓다고 넓지가않아

다닌다한들어찌 다둘러보며
또아닌들못본일 없는세상에
거저마음놓는곳 편히쉬는일
그곳이어딘들꽤 괜찮습디다

자투리

가령 표본 조사와 같은 것이다. 그렇게 위안 삼을 때가 한두 번이 아니다. 취미가 시 쓰는 일도 그렇다. 상당한 시간을 자리에 앉아 있는 것도 어쩌면 영혼을 잠시 안식하는 영적인 행위다. 무언가 하지 않으면 사람은 늘 불안한 심리가 발동한다. 예술적인 활동은 뇌 활동에 휴식을 제공하는 것과 같다. 주위를 보면 예술가를 참 많이 본다. 경기 어렵다고 하지만, 나름의 취미는 가지고 있고 어떤 분은 취미를 떠나 전문가 수준까지 이른 사람도 꽤 많다.

어느 문구점을 운영하는 모 씨다. 꽤 그림을 잘 그린다. 그 점주께서 그린 그림만 보더라도 그 점주의 삶을 대변해 주는 것 같아 무슨 글이라도 썼으면 싶은 그런 충동감이 인 적이 있다. 예술은 풍요한 상태에서 잘 나오지 않는다고 나는 믿는다. 궁핍하고 어렵고 어디론가 탈피하고 싶은 마음이 일 때 그렸던 그림은, 잠시 보고 있어도 기억에 오래 남는다. 이중섭의 '흰소'나 천경자의 '뱀', 박수근의 '고목'과 같은 느낌이다.

여행은 주위의 자연경관이나 풍취를 즐기는 것도 있겠지만, 그 여정을 걷는 노력과 힘도 들어가 있음을 알아야겠다. 집에 무사히 돌아올 수 있는 힘 같은 것 말이다. 나는 분명 내일 무언가 일을 할 것이다. 저녁에는 자리에 앉아 나만의 여행을 즐기며 영적인 활동을 하고 있다면 그 여행은 충분히 즐거운 것이겠다.

28

동지는뜻이같다 이런말이오
친구보다더좋소 그러니동지
함께목적이같아 벗따로없소
우리서로나누며 동지합시다

무엇을그리보오 모두까맣소
자세히보면있소 깊은샘같소
덮으면모르는일 말끔히잊소
제무덤파는동지 또하나죽소

자투리

사는데 바빴다. 누구를 찾아뵙고 인사한다거나 찾아가는 일은 즐거운 일인데 그렇지 못했다. 막상 보험 일하면서 여러 친지를 찾아뵌 것도 늦었지만, 다행스러운 일이었다. 더 늦었다면 더 서먹했을 것이다. 그전에 어떤 목적이 있었지만, 그 목적마저 낯부끄럽기만 했다. 그러고 또 몇 년, 중년의 나이에 진정한 사랑이 뭔지, 즐거움과 활기와 희망 같은 것은 뭔지 그 개념이 혼란스럽기만 했다. 아이는 아이대로 함께 일만 했던 아내도 부모님도 이에 나는 무엇인가 하는 생각뿐이었다.

사랑하고 싶고 삶의 목적은 있었으면 싶고 그것으로 활기찬 하루가 기다려지는 박동감 넘치는 일상은 있었으면 좋겠다. 하지만, 모두가 까맣다. 아침이면 신문이 들어오고 어제의 일을 정리한 사회의 여러 소식에 파묻히고 마는 일상이다. 이제는 아무 쓸모없는 그런 멜라닌 색소 같은 것은 파묻어야 한다. 오직 흰 코끼리가 옆구리로 들어오는 꿈같은 것은 없어도 그래도 하루는 있었다고, 그 하루 잘 버텼다고 위안하는 동지이고 싶다.

29

밥없인살순없다 나는밥이다
매일밥을먹는다 내살과영혼
뼈와형태를위해 나는먹는다
맑고흐리고비가 왔다가가도

변기처럼먹는다 구름을말고
해와달그리고별 그들의노래
순간순간빛나는 영광과고뇌
단도이도로빚는 채도다완을

누가수저를든다 슥슥한장씩
맑았다흐림을또 비가내린다
땅굳고싹오름을 그숲을위해
기꺼이받들며준 그릇이겠다

자투리

20년 새해가 들어서자마자 코로나-19가 창궐했다. 코로나는 숙주 인간이 밥이었다. 숙주가 죽으면 바이러스인 코로나도 죽는다. 그러나 바이러스는 또 다른 생물체로 옮겨가는데 그들만의 생존전략 같은 것이 있었다. 재치기라든가 접촉 혹은 대기 중에 떠도는 비말 같은 것으로 말이다. 이것으로 온 도시가 마비가 되었다. 우리는 다만, 면역력을 키울 수밖에 없었다.

우리는 밥을 먹는다. 어쩌면 기생과 뭐가 다를까만, 사회에 대한 면역력을 키우고 적응하기 위해서는 각종 밥을 먹어야 한다. 다양한 책을 읽고 다양한

뮤직 비디오를 보고 스포츠를 즐기면서 각종 영혼의 밥을 먹는다. 마치, 독감 주사를 맞듯 일정한 시간을 투자한다. 묵직하게 앉아 있기도 하고 미친 듯이 뛰어 보기도 한다. 북 같은 그런 유전자는 내게 없을지라도 북처럼 되고 싶다고 행동한다. 뮤직 비디오처럼 살 순 없지만, 뮤직 비디오처럼 나의 노래를 부르면서 잠자리에 들고 싶다.

정말 딱딱하게 굳은, 혹은 유순하고 부드러운 소리로 밥 짓는 힘은 있어야겠다.

30

그댄나아가시오 난물러나오
관계를맺으시오 머물지말고
죽음부르는정착 생각마시오
필히나아가시오 죽지마시오

또넘어지지말고 곧게가시오
난무시해도좋소 앞만보시오
뒤돌아보지말고 죽죽가시오
正反다필요없소 난예서묵소

자투리

썩는 시체더미 속에서 숨어, 살아남았다. 멜-깁슨의 영화 '아포칼립토'를 본 적 있다. 주인공 표범 발은 외부 부족의 침략에 의해 가족과 부족을 잃었다. 적의 인질로 잡혔다가 재단의 재물로 오르기도 했다. 끈질긴 적의 추적에 결국 살아남았지만, 새로운 적의 무리를 만난다. 잔잔한 파도가 흐른다.

헤이 데스 파 시도 데스 파도 시도, 헤이 헤이

죽음 부르는 정착 생각 마시오.

이집트 시나이 반도의 이슬람 사원에서 발생한 테러 생존자의 얘기다. 이슬람 국가(IS) 조직원들이 군사작전을 벌이듯 수류탄과 기관총으로 신자들을 무차별 학살해 세계를 경악하게 했다. 사망자 305명, 부상자 128명의 사상자가 발생한 끔찍한 학살사건을 같은 무슬림이 저질렀다고 하니 얼핏 이해하기 어렵다. 그렇지만, IS는 무슬림 수니파이고, 이 사원은 신비주의 종파인 수피파다. 외부에서 보면 같은 무슬림 같지만, 안에서 보면 원수보다 더 나쁜 '이

단' 종판인 셈이다. 자신이 믿는 것만 옳다고 보는 '종교적 광신'이 빚어낸 참극이다.

두람 두람 두람 도오빙 두람 도오빙 라팜파 시도

뒤돌아보지 말고 죽죽 가시오

세상에서 가장 작은 존재, 1만 분의 1미리 미리, 불가촉천민 말하자면 생명체에서는 아직 자격증조차 따지 못한 불완전한 존재였다. 오늘의 진화와 내일을 번식하기 위한 생물적 특성을 즉각 무생물처럼 도배하는 물질적 대사를 치르고 있다. 말하자면 축축한 바닥을 거닐며 기는 이 밤의 포비아 다가올 나는 새의 공포에 벌벌 떨고 있는 것이다.

정반, 다 필요 없소, 난 예서 묵소

---

*매일신문, 야고보 '광신의 시대'

**세계일보, 설왕설래 '바이러스, 손자병법'

31

탁주한병을물에 섞어놓은듯
혼돈의커피시장 따로없었네
이젠진짜가짜는 필요없는듯
발빠르게나서는 일밖에없네

우스운세상이야 문열고닫고
하루밥먹듯하니 오늘이카페
내일은또저카페 오늘은열고
내일은딴사람이 카페만사네

자투리

공자, 맹자 시대 때의 이야기다. 어느 왕이다. 소가 끌려가는 것을 보고 측은한 마음이 들었던지 제물을 소에서 양으로 바꿨다. 백성은 왕이 인색하다고 비난했다. 왕은 속사정을 털어놓는다. 하물며 소가 끌려가는데 더군다나 끌려가는 소의 그 큼지막한 눈동자와 마주했다면 그냥 보아 넘기기에는 어려웠겠다.

모두 힘든 시기다. 우리가 뽑은 우리의 정부 내각이다. 경제는 사달이 났고, 책이나 영화에서나 본 듯한 바이러스 공포까지 닥쳤다. 거리는 조용하고 그렇게 많든 가게는 꾹꾹 문 닫았다. 그나마 연 가게는 힘들게 영업을 하지만, 별 큰 성과는 이루기 어렵다. 이럴수록 상대의 이야기를 들으려고 노력하자.

거래를 시작했으면 그 책임을 다해야 한다. 만나보기 싫지만, 한 번 더 가보고 무엇이 잘못되었는지 확인해야 한다. 일은 상대를 보지 않는 가운데 더 커지기 때문에 자주 보아야 한다. 처음은 영업에 약간의 손해가 있을지는 모르겠지만, 뒤는 분명 좋은 결과를 맺는다. 마치 리카도가 말했던 비교우위론처럼 내 것을 가져다 드리는 것도 또 이에 대한 대가로 뭔가 받을 수 있는 대체상품도 있으니까 말이다.

어느 상가에서 보았다. 현판이 아주 멋졌다. '백문百聞이 불여일견不如一見' 백 번 문자하는 것보다 한 번 찾아보는 것이다.

32

목숨위태로웠소 혼자오육십
죽는줄알았소만 사람못썼소
아니더는안썼소 절대혼자라
몇달기다빠지고 그냥나왔소

더일하다간정말 죽겠다싶소
비록수급이다만 이건아니라
충분히깨달았소 더못하겠소
장래도없고이젠 미련도없소

자투리

히히, 총각시절이었다. 새벽에 녹즙 배달을 한 적 있다. 물론 낮에는 내 직업이 따로 있었다. 커피가 있었다. 창업한 지가 얼마 되지 않아 거래처도 많이 없었고 그러니까 커피도 많이 못 팔아 직업에 대한 안정감이 없어, 새벽에 아르바이트 하나를 더 했다.

새벽 4시에 일어나, 여기 경산에서 대구 월배까지 가, 아파트 무려 몇 동을 거닐며 다닌 기억이 난다. 비 오는 날이었다. 범어사거리에서 꿉뻑 졸다가 버스 한 대가 순식간에 빗물을 튕기며 내 앞을 지나갔다. 정말 황천길로 갈 뻔 했다. 새벽잠이 꽤 많았지만, 억지로 그 고통을 일깨우며 앞산 순환도로를 달리다가 담벼락을 10여 미터까지 불꽃 튀기며 달린 기억도 난다. 그렇게 해서 번 돈이 오육십만 원 한 달 기름 값 30만 원 더 썼다. 알고 보면 큰돈이 되지도 않았고 그 시간에 오히려 충분히 잠이라도 잤으면 더 좋지 않을까 하는 생각도 들었다. 그 일을 약 1년 가까이했다.

20년이 지났다. 카페의 진화는 거듭해서 지금의 조감도를 경영하게 됐다. 5년이 흘렀다. 한 때 유행은 아니라고 굳게 다짐하고 일을 했다. 우리는 20년의 경험을 바탕으로 정말 전문가의 손질로 커피를 볶고 내리고 있었다. 소득주도 성장과 코로나가 우리를 반겼다. 나는 이제 보험회사를 다닌다. 카페를 경영하면서, 처음에는 이것이 어색해서 나도 죽을 뻔했다. 점점 나아지고 싶다. 커피 한 잔 마시면서 위험에 대비하는, 아니 대비할 수 있는 방법을, 그간 경험이 있었다면 얘기하고 싶은,

그런 자리는 만들고 싶었다.

33

역시바쁜건배달 배달의민족
모두모두미쳤어 목숨걸었네
사람은부품처럼 떠나고없네
떠나네커피시장 툭툭털었네

당분간쉬고싶네 후회는없네
놀란가슴달래고 세상은잊네
사는게뭔지더는 생각도싫네
정말이지누웠네 앓아누웠네

자투리

여기서 배워 나가 창업한 후배다. 몸이 비쩍 말랐다. 나이가 40이 다 됐다. 결혼할 상대도 있다. 하지만, 결혼하기에는 아직 준비가 덜 되었다고 한다. 한때는 내가 운영하는 카페에 점장으로 있다가 창업했지만, 처음 열었던 가게는 그나마 현상 유지가 됐다. 신규개업이라서, 개업 발 같은 게 있었다. 시간은 2년이 흘렀고 손님은 반에 반 정도 뚝 끊겼다. 물론 열심히 했다. 영업이 안 될수록 더 일찍 나와 문을 열었다. 이제는 그 가게를 접고 다른 곳으로 이사를 했다. 새로운 곳에서, 임대료가 조금 더 적은 곳으로 갔다. 그는 애견카페를 했다. 애견과 더불어 무언가 생산적인 일을 할 것이다. 그가 잘 되었으면 좋겠다.

아직도 선하다. 언제였던가, 그의 가게에 갔었다. 곧 배달 가야 한다며 토스트를 굽고 커피 뽑는 모습이 떠올랐다. 경쟁에 밀려 내가 만든 토스트와 커피는 거의 이문 없는 일종의 사회적 서비스였지만 그렇게라도 일하지 않을 수 없는 그의 모습이 떠올랐다. 우리는 모두 그와 같은 종족으로 무수히 흐르는 저 긴 강을 함께 건너고 있었다.

34

한해농사들깨를 털고고른다
체로고르고보니 벌레도있다
달팽이와곤충도 깨알을물고
악착같이붙들며 이게다인듯

미물도저리물고 놓지않는다
가로수붉은단풍 참아름답다
툭툭툭떨어뜨린 은행알한알
바람없는가을녘 꽤아팠겠다

자투리

예전 커피 교육생이었다. 식당만 10여 개 한다. 그의 밑에서 일하는 직원과 아르바이트만 해도 30여 명, 한 달 인건비만 7,000만 원 나간다. 식당은 종목이 다양하다. 보쌈도 찜닭도 식당과 횟집도 있다. 어느 종목이 잘되고 어는 것이 좀 못한 지 분간이 선다. 그가 말했다. 한 2년 하면 종목을 바꿔야 한다고 했다. 유행이 지났으니까! 또 고객의 입맛에 익숙하면 그때는 멀어지기도 하니까, 어쩌면 그의 말이 맞다. 우리나라는 무엇이든 꾸준히 지켜온 생업이 잘 없는 것은 유행이 민감한 것도 있을 것이다.

20년을 했다. 들깨에 붙은 벌레처럼 악착같이 붙들고 있다. 갖은 세파에도 떨어지지 않았다. 내가 미련한 것인가! 아니면 두려운 것인가! 또 아니면 뭔가!

20년, 그나마 남은 건 이 은행 알 같은, 구린내만 폭폭 풍기는 새까만 바람 녘에 찌든 때만 남았다. 그 아픈 기억을 지우면서 말이다.

35

외롭고쓸쓸하니 고독합니다
원래고독은혼자 배운다지만
고독도친구처럼 대해준다면
그마음배움의길 가볍습니다

어찌지냈느냐고 물어봅시다
잘지냈다고더욱 대답합시다
보자기처럼마음 하나열면서
검은새하나훨훨 지어봅시다

자투리

커피를 그렇게 마셔도 잠이 안 오는 날이 있다. 이 문장은 참 우습기 짝이 없다. 커피 일, 오래 하면 커피 마셔도 잠은 잘 온다. 오늘은 촌에 어머님을 뵈러 갔었다. 당뇨로 눈이 어두워 정기적으로 병원에 모셔다 드린다. 진찰을 받아보지만, 뚜렷한 해결책은 없었다. 요즘은 코로나 사태로 즐겨 다녔던 병원도 가지 못하게 됐다. 내가 머무는 경산과 어머님이 기거하시는 북삼은 약 50킬로 거리다. 어떤 때는 하루 두 번 왕복할 때도 있다. 병원에 쉽게 갈 수 없어 그런지는 모르겠다. 요즘은 나를 부르시는 게 좀 뜸해졌다. 그래도 잠깐 어머님 뵙고 점심도 함께 먹었다. 그리고 대구에 왔다.

대구에 모 거래처에 들러 상황을 살폈다. 코로나 사태로 일이 없다가 근간 마스크 제작 의뢰가 들어와 모처럼 신나게 일을 했다. 나도 100개 주문을 넣었다. 판촉용으로 쓸까 싶기도 하고 보험 일에 쓸까 싶기도 해서 주문했다. 그리고 조감도에 왔다. 순영이가 가게를 보고 있었다. 100평이나 넓은 가게지만 요즘은 각각 혼자서도 충분히 일할 수 있는 곳이다. 영 문을 닫을 수는 없기에 단축영업한다.

저녁에 훌훌 하루를 털며 검은 새 한 마리가 또 날아갔다.

36

나당신께가을은 무슨의미오
아무런뜻도없이 보내지않소
오지도않는눈을 뭘기대하오
그만됐소여태껏 나만곧았소

누가신을까사실 고민만했소
피부며어투까지 퍽좋지않소
포쇄처럼왔다가 갔으면싶소
참꿈도야무지오 푹썩으시오

그리합시다식전 꼭여십시다
흰밥에여러반찬 얹은거모양
그러합시다그냥 놓아둡시다
제풀에지쳐벽돌 한장얹은듯

편식증심한나를 어찌꺾겠소
그냥두시오가을 얼른가시오
오리보다오리알 낙동강아닌
매일한알씩먹는 그어여쁜시

자투리

주둥이가 넓은 병을 보면 왠지 버리기가 싫다. 초등학교 다닐 때였다. 밥은 알루미늄 판 상자에 넣고 김치는 유리병에 담았다. 흔히 벤또라 했다. 아직 일제강점기의 잔재가 남은 언어, 지금은 금기시한 용어지만 말이다. 하여튼, 책가방은 책과 도시락과 그 유리병으로 불룩했다. 그때는 병을 바르게 세워야겠다는 생각을 왜 하지 못했을까? 동네에서 학교까지는 거리가 꽤 멀었다. 학교 가는 사이에 김칫국물은 늘 흘렀고 책은 또 그 국물에 얼룩이 졌다. 냄새도 배어 나왔다. 김치를 담은 그 병은 바르게 세워도 문제였다. 더운 날은 가스가 스미어 나오기도 했으니까. 대책이 없었다. 김치를 다른 곳에 담아야 맞는 일이다. 김칫국물이 새 나오지 않는 어떤 용기가 있어야 했다. 그런데도 주둥이 넓은 유리병을 보면 쉽게 버리지 못한다.

생각의 파편들, 책을 읽거나 하루를 정리하면 그런 조각들이 흘러간다. 하루씩 흘러간 그 파편들을 모은 유리병이 있다. 일기장이 그런 유리병처럼 보였다. 아무도 그 냄새를 맡거나 보거나 하지 않는데 나는 왜 버리기가 싫은 걸까!

많은 돈을 들여 좋은 갑을 만들고 그런 기왓장 같은 것을 옮겨 담아본다. 누군가 그 뚜껑을 열어서 좋은 집을 지을 수 있었으면 좋겠다.

37

오십년가까이쓴 쓰레기봉투
채우고비우고또 탁탁비워도
여전히구멍같다 큰구멍같다
저걸어떻게닫나 뚜껑도없다

비단종량제봉투 터진적없다
썩도안하는봉투 꼴불견이다
가벼운외상에도 질질흐르는
오물과악취어찌 더명확한가

자투리

쓰레기봉투의 가치는 쓰레기를 담을 때 빛을 발한다. 아무것도 담지 않을 때는 쭈글쭈글하며 볼품도 없다. 무언가를 채우기 위해 아주 큰 입만 벌리고 섰다. 한동안 그 벌린 입은 그간 담은 오물로 악취를 풍길 것이다. 그것이 무엇이었든지 간에 냄새는 거리에 나돌 것이다. 이것저것 채우다 보면 어느덧 한 묶음이다. 가끔 발로 밟아 옆으로 터질 때도 있지만, 이럴 때는 반창고로 붙여 내다 버릴 때도 있다. 이래나 저래나 쓰레기봉투다. 이렇게 묶어 버리면 또 방은 깨끗하다. 홀가분하다.

나는 지금 또 이 쓰레기봉투를 채우고 있는 중이다. 오물과 악취 같은 것을 점점 명확한 일기를 채우고 있다. 부끄럽다.

누가 그랬다. 가을에 책을 읽는 것은 내 글을 쓰기, 잘 쓰기 위해서라고, 남의 똥만 먹지 말고, 함 써보자.

38

詩는국수같아야 좋은詩이다
쓰이지않을때는 굳어있다가
읽을때빛이나는 그뜨거움에
온몸다풀어놓는 그딱딱함을

허기를달래주는 한젓가락詩
가벼움과속도를 한몸에배는
후루룩말아먹는 간단명료한
그래세상뭐있어 한젓가락혀

자투리

국수를 참 좋아한다. 뜨거운 잔치국수 한 그릇이면 하루가 다 풀린다. 국수 하니까, 시인 백석의 시가 떠오른다. 여기서 잠깐 풀어놓자면, '아, 반가운 것은 무엇인가 / 이 히수무레하고 부드럽고 수수하고 슴슴한 것은 무엇인가 / 겨울밤 쩡하니 닉은 동티미국을 좋아하고 얼얼한 댕추가루를 좋아하고 싱싱한 산꿩의 고기를 좋아하고 / 그리고 담배 내음새 탄수 내음새 또 수육을 삶은 육수국 내음새 자욱한 더북한 삿방 쩔쩔 끓는 아르굳을 좋아하는 이것은 무엇인가 // 이 조용한 마을과 이 마을의 으젓한 사람들과 살틀하니 친한 것은 무엇인가 / 이 그지없이 고담하고 소박한 것은 무엇인가'

이 하얗고 딱딱하고 굳은 것을 좋아하는 그러나 뜨거운 것에 풀어놓는 이것은 무엇인가? 허기를 달래주고 한 젓가락 곱게 먹을 수 있는 진정 이것은 무엇인가? 말이다.

39

슬픈얘기는혼자 읽지마시오
불켤때마다눈물 콧물나니까
사실사랑하는이 여기있잖소
이세상모두한폭 테두리안에

세상살아가는데 義가있어야
여기삶과죽음도 뜻이있겠소
하루잘보냈다고 웃어봅시다
새카만눈썹으로 동지들간에

두려움없는삶에 소풍을위해
그대의무게없는 걸음에대해
오늘도한걸음더 걸었지않소
이땅꽉꽉밟으며 서있으니까

자투리

얼마 전(2월 23일)에 일이다. 일본 최고령의 할아버지께서 웃는 얼굴로 별세했다. 향년 112세였다. 최장수 비결을 묻는 질문에 할아버지는 '웃으며 사는 것'이라며 짤막하게 말했다. 100세를 넘겨도 농사를 거뜬히 지어 섰으며 암이나 다른 특별한 질병도 없었다. 약간의 거동만 불편했을 뿐이다.

인생 참 짧다. 요즘 들어 많이 느낀다. 어찌 50년이 훅 갔을까 말이다. 옛 사진만 보아도 엊그제 찍은 것처럼 생생한데 이제 얼굴은 주름이 있고 흰머리가 있고 주근깨까지 있다. 그냥 웃으며 삽시다.

뭔 일이 있겠습니까? 그냥 웃으며 사는 거지요.

40

반딧불같은열정 있어야겠다
천둥번개와빗속 거닌다해도
반딧불같은빛은 있어야겠다
다만등불아래만 겸손하거늘

온몸을태워서도 빛을발하자
뜨겁지만오로지 뜨겁지않게
눈부시지만결코 자랑이아닌
거울처럼켜지는 새싹들처럼

자투리

하루를 어떻게 보냈던지 간에 겸손했으면 좋겠다. 겸손은 말없이 고이 묻어 놓는 일, 내 바깥은 천둥이나 번개 같은 것이 지나가더라도 등불 아래서 온몸을 태우면서 바닥에 더 밑바닥에다가 조용히 온몸을 올려놓는 일 그것이 겸손이겠다.

결코 눈부시지 않은 결코 자랑이 아닌, 만인은 거울처럼 눈이 뜨이고 만인은 봄날 새싹처럼 희망을 틔울 수 있는 그런 열정 같은 것은 있어야겠다.

누구나 걸을 수 있는 흰 셔츠에 까만 바지를 입고 걸어가 보자.

41

깊지도않은그릇 저홀로깊다
무엇하나담아도 그냥품는듯
또무엇을비워도 그냥있는듯
온몸스미지못한 저홀로담다

하찮고투박해도 사발한종지
넓고푸른바다에 툭던진그릇
푹절여놓은그릇 분간도없는
달빛에파도타는 사발한종지

자투리

인간 생태학자로 유명한 칼 필레머 교수는 65세 이상 노인 1,500명을 대상으로 '인생에서 가장 후회하는 것이 무엇인가'에 대한 질문을 했다. 그들은 '자신을 위한 시간'을 소중하게 사용하지 못한 것이 가장 후회된다고 했다.

만약 우리가 100세 가까이 삶을 살았다면 무엇을 가장 소중히 여겼을까? 세상 보는 지혜는 젊은 사람보다는 나이 많은 사람이 더 현명할 것이다.

내가 50 초입에 서서 남은 삶을 본다면 그 삶을 위해서 지금 당장 나는 무엇을 해야 할지 생각한다면, 과연 가슴 뛰게 설레며 할 수 있는 일은 무엇이고 그 일로 나는 정말 행복한 것인가?

오십은 이십에게 말한다. 하지만, 이십은 도무지 이해를 하지 못한다. 칠십오가 오십에게 말한다. 오십은 이해는 되지만, 실천하기가 어렵다. 그러면서 하루를 사는 것 아닌가 하는 생각을 했다. 정말 중요한 것은 자기애다. 나는 오늘을 보내면서 내 영혼의 충전만큼은 있어야겠다.

42

때묻은빵모자를 벗겨주었다
삐져나온터럭과 각질을털고
정갈한비질까지 마당참넓다
사마천이본다면 웃을일이다

빵덩이가접시에 폭익어있다
모두다이어트다 군침만돈다
창밖은눈내리고 요지는없다
빵덩이에나방이 날아와앉다

자투리

메모하는 습관을 가져야 한다. 일기를 쓰는 것도 중요하다. 생각은 물수리가 저 깊은 강물에 유유히 헤엄쳐 가는 물고기를 낚는 것보다도 더 빨리 지나간다. 모 시인은 이를 현정화의 스매시보다 김재엽의 업어치기보다 빠르다고 했다. 퍼뜩 지나쳐 버리는 그 생각을 메모하는 습관을 가져야겠다.

생각이 즉흥적이면 메모는 고정적이다. 생각이 빠르고 일회성이 강하다면 메모는 시각적이고 논리적이다. 생각을 구체화하고 현실화 하는 것은 역시 글의 매력이다. 어쩌면 글은 자기합리화에 대한 주술적 행위다.

사람은 언젠가는 죽는다. 그러나 죽음의 의미는 다 다르다. 중국 고대의 문학가 사마천은 '사람은 누구나 죽지만 태산보다 무거운 죽음이 있는가 하면 새털보다 가벼운 죽음도 있다'고 했다. 이를 구우일모九牛一毛라고 했다. 아홉 마리 소에 털 한 가닥일 정도로 가벼운 것을 말한다.

매일 눈은 있어도 요지는 없다. 그러나 부푼 빵덩이에는 내 마음의 보금자리였다.

43

벽돌같은하루를 오늘도쌓네
한장을쌓고한장 그위에얹네
무너지지않겠다 오로지나는
토끼눈같은동공 또한장얹네

벽돌과마주하면 하루가쉽네
보이지않는앞이 앞이보이네
한장쌓은것만큼 가렸다가도
그만큼구멍이라 나갈수있네

자투리

일찍이 다산은 책을 읽는 것은 가문을 일으키는 근본이라고 했다. 공자께서도 책 읽기를 너무 좋아해서 먹는 일도 잊고, 학문을 즐김에 걱정도 잊으며, 늙는 것조차 알지 못한다고 했다. 책은 글자의 기록이다. 인류 문화 보고가 바로 책이다. 사마천이 쓴 사기는 3,000여 년을 기록한 인류 역사상 가장 위대한 '역사서'이자 인간의 갖은 심리를 담은 책이다. 등장인물이 4,000여 명, 직업 수만 1,300여 개에 이른다. 우리에게도 빛나는 기록문화가 있다. '조선왕조실록'이 있고 '승정원일기'가 있다.

무언가 쓰기 위해서는 무언가 읽어야 한다. 무언가 행한 어떤 일이 있던가, 개인의 기록문화를 가져보는 것은 어떤가? 사기와 실록에 버금가는 하루치 일기를 남겨보는 것이다. 벽돌 한 장처럼 쌓는 기분으로 써보자. 둔필승총鈍筆勝聰이라고 했다. 다산이 말했다.

다산 정약용 '讀書起家之本' 책을 읽는 것은 가문을 일으키는 근본이다. 공자 '발분망식發憤忘食 악이망우樂以忘憂 불지로지장지운이不知老之將至云爾' 책 읽기를 너무 좋아해서 먹는 일도 잊고, 학문을 즐김에 걱정도 잊으며, 늙는 것조차 알지 못한다. 다산 정약용 '둔필승총鈍筆勝聰' 둔한 기록이 총명한 머리보다 낫다.

44

소리나면죽는다 소리내지마
그냥그렇게침묵 짜승앞만봐
절대고개젓지마 옆도보지마
변기에앉아있듯 거울보듯이

행성같은저불빛 펼쳐보다가
두번걸을수없는 길숙한여행
순간몇광년처럼 세상넘기며
혈흔묻은돌도끼 이애아냐고

자투리

호시우행虎視牛行이라는 말이 있다. 호랑이 눈처럼 예리해야 하고 소처럼 걷는다는 뜻이다. 호랑이 눈을 가지려면 어떻게 해야 되는가? 주어진 정황을 살피고 흐름을 읽을 수 있어야겠다. 세상은 생각보다 힘들고 어려운 곳이다. 어느 작가는 자신의 묘비에 "애쓰지 마라, Don't Try"라고 썼다. 세상을 향한 끊임없는 도전 끝에 쓴 한 마디 글이었다. 그래도 그냥 죽느니 발악은 해보아야겠다. 또다시 '애쓰지 마라'는 묘비를 새길지라도 말이다. 그전에 책은 도끼라는 말도 있지 않은가! 도끼에 꽂든 도끼로 찍든 무슨 수는 써야겠다. 큰 기대는 하지 말자. 선인들도 도끼는 반드시 차고 다녔으니까. 도끼만으로도 행복했다던 공자도 있었으니까.

45

사실은시만알지 씨는모른다
시는동굴이었고 낯선강같은
초면도없는씨는 뒤장과같은
그러나씨의시는 익숙한파문

오로지시는까고 씨는다문다
꽉깨문이빨에시 이건악어다
누떼의이동과시 초원만멀다
휘파람만부는씨 구름만탄다

자투리

내 머릿속의 지우개, 자니 윤, 긴 병에 효자 없다. 80대 노모를 폭행해 숨지게 한 50대 남성, 치매 노모를 수발하기 힘들다는 이유로 살해하고 시신까지 암매장, 치매인 아내를 병시중 들다가 끝내 살해하고 자신도 독극물 마신 사건, 이들 모두가 치매와 관련된 실제 일어난 사건들이다.

커피와 다르게 보험은 전 연령대를 좀 더 꼼꼼하게 바라보는 눈을 갖게 한다. 물론 커피 드시러 오시는 손님도 나이에 관계없이 카페를 찾지만, 피상적이며 인사차 주고받는 소식 정도다. 이에 반해 보험은 시대를 읽는 눈빛을 갖게 한다.

인생 전체의 흐름을 보고 있으면 장래가 그렇게 밝아 보이지가 않다. 아직도 열심히 일을 해야 하고 돈을 벌어야 하는 나이지만, 시국은 그렇지가 못하다. 중년의 나이로 윗세대와 아래 세대를 보살펴야 하는 경제적 부담도 안고 있다.

어렵고 힘들지만, 노후는 반드시 준비해야 한다. 우리 세대는 윗세대를 보살필 순 있으나 아래 세대가 우리를 보살필 수 있는 정황은 보이지 않는다. 사회적 분위기가 그렇다.

새해 들어와 바이러스 공포로 길거리가 조용했다. 고령화와 불청객인 치매까지 겹치면 내 머릿속은 정말 텅텅 빈 길거리로 전락하고 만다. 어쩌면 젊을 때 힘들었던 시기보다도 죽음 앞에 겪는 고통은 이루 말할 수 없이 더 클 수도 있다. 누구나 나이 들어 편히 쉬고 싶지 고통으로 나날을 보내고 싶지는 않을 것이다. 시간은 우리를 기다려주지 않는다. 정말 얼마 남지 않았다.

46

아령은무겁지만 들어야한다
들어근력은필히 다져야한다
늘무거운것들면 언제어느때
어느물건도쉽게 들수있겠다

아령은어려운일 아령을들자
들어올리자아령 숨잠시끊고
힘껏들어올리자 살아야겠다
사는동안아령은 단단히들자

자투리

근력운동은 반드시 가져야 한다. 내가 머무는 사무실에 아령 몇 개와 바벨을 사두었지만, 가까이서 보아도 운동하기가 여간 어렵다. 하지만, 거울을 보면 다시 스스로 자신을 일깨우다가 한 번씩은 잡아본다.

근력이 없으면 넘어질 확률이 높아 뼈 부러지는 일이 다반사다. 물론 미래의 일이다. 그렇다고 운동을 하지 않는 것은 주위 사람들에게 큰 피해를 줄 수도 있다.

친구 어머님 얘기다. 연세가 있으시어 침대를 그렇게 높게 잡지도 않았다. 아침에 기침하시고 방바닥을 짚는데 그만 힘이 없어 스러지셨다. 곧장 병원에 이송하고 대퇴골 골절 진단을 받았다. 그 후, 아직도 병원생활 하시는데 꼼짝도 못하고 누워계신다고 한다. 한 달 병원비가 웬만한 젊은 사람의 월급 정도였다.

근력이 없으면 활동량이 줄어들고 활동이 줄면 근력은 더욱더 줄게 된다. 근력이 1kg 저하되면 요실금 발생률이 남자는 3%, 여자는 8% 더 증가한다는 연구한 자료도 있었다.

아령을 들자. 아령을 들어야겠다.

47

하얀국화한송이 빈노트하나
백날내마음같이 곁에둡시다
맺은꽃씨같은말 엮어봅시다
하얗게핀국화꽃 웃음합디다

그늘은모두지워 날려버리고
오롯한까치같이 적어보아요
둥지같은신발로 놓아보세요
따라오는사람은 쉬이걸어요

굴곡진꽃잎담아 모두날려요
쌈처럼차곡차곡 덮어버려요
그래요훗날이것 다시보면은
하얀국화꽃처럼 웃음띄워요

자투리

반포지효反哺之孝라는 말이 있다. 까마귀는 어미가 새끼에게 먹을 것을 물어다 주다가 어미가 늙어 날지 못하게 되면 장성한 새끼가 먹을 것을 물어다 어미를 먹여 살린다는 말이다.

까마귀는 우리에게 익숙하게 보는 새다. 까치와 더불어 말이다. 까치와 다르게 왜 까마귀는 흉조로 기억하고 있을까? 까악, 깍 거리는 소리까지 불길하고 스산하기까지 한다.

구전신화에 따르면 인간의 수명을 적은 적패지赤牌旨를 저승사자 강림이 까마귀를 시켜 인간 세계에 전달하도록 했다고 한다. 한데 인간 세계에 도착한 까마귀가 적패지를 잃어버리고 만다. 이에 까마귀는 종이에 적힌 것을 알 수 없어 마음대로 떠들었다. 그 결과 어른과 아이, 부모와 자식의 죽는 순서가 뒤바뀌게 됐다는 것이다. 이때부터 까마귀 울음소리는 죽음을 부르는 불길한 징조로 받아들여졌다고 한다.

또, 이것과는 달리 삼족오의 신화로 까마귀를 신성시한 것도 사실이다. 삼족오三足烏는 태양에 살면서 천상의 신들과 인간 세계를 연결해주는 상상의 길조吉鳥였다. 동시에 동아시아에서는 태양신으로 불리며 세 발 달린 검은 새 또는 까마귀로 금오金烏, 준오踆烏, 흑오黑烏, 적오赤烏라고도 불렀다.

삼족오의 '烏'에는 두 가지의 뜻을 가지고 있다. 하나는 앞서 언급한 '까마귀' 다른 하나는 '검다'의 의미이다. 오랜 세월 동안 우리 민족과 함께해온 자연물 중 "새"를 형상화한 하늘을 향한 인간의 꿈이 세 발 달린 까마귀였다.

그나저나 반포지효에 자꾸 머뭇거린다. 최소한 간병보험은 있어야겠다. 자식이 있어도 들어야 하겠지만, 자식이 없다면 필수다.

오늘도 그 까마귀의 사촌쯤 되는 새까만 까치 소리로 하얀 국화꽃 한 송이에 장식해 본다.

세계일보, 권오길의 생물의 신비, 까마귀와 효심 참조

48

깨끗한종이처럼 너무슬퍼요
무엇을써야할지 생각안나요
종일그어떤일도 치매같아요
일이어찌이리도 이르습디까

바닥만바라보고 걸어봅니다
옆집도그옆집도 빈백지처럼
완전히깨끗해서 참슬픕니다
멀어져간눈처럼 먹먹합디다

세상은죽으라는 법없다지만
이나라그어느곳 안푸릅디다
산새도고양이도 눈치보는지
휘떨며눈에띄지 아않습디다

자투리

우리는 언제 가장 행복한가? 누군가로부터 선물을 받았을 때 혹은 누군가에게 선물을 드렸을 때다. 받는 것보다 선물을 할 때가 더 행복하다. 보험 일하면서 가장 놀라운 것은 시책이었다. 각종 선물이 많다. 출근 잘하거나 귀점을 하는 것도 물론 이러한 일은 기본적인 업무가 있어야 한다. 가령 고객과 보험에 관한 일로 상담을 가졌거나 계약한 경우는 그전에 모두 고객의 동의가 있었음이다. 동의를 받기에 앞서 각종 선물을 준비해서 방문하는 것도 FC의 일이다. 빈손으로 만나는 것보다는 선물을 준비해서 가면 보다 일이 수월하게 풀릴 때도 많다.

먼저 베푸는 일은 참 어렵다. 마음이 먼저 움직여야 하기 때문이다. 상대의 마음을 움직이게 하는 것도 여간 보통 일은 아닌 것 같다. 믿음이 없으면 이루기 어렵기 때문이다. 자주 보면 익숙하고 익숙하면 자주 보지 않는 이보다는 신뢰감을 더 갖게 한다.

보험회사에서 배운 일을 카페에 적용해 보았다. 각종 선물을 준비했다. 터치 펜, 머그잔, 시장바구니, 텀블러, 수첩 등등. 경기 난조로 연말연시 어떻게 보내나 싶었는데 생각보다 반응은 괜찮았다. 물론 선물공세가 일종의 판촉 차원으로 행사한 것이지만, 오시는 고객께 베푸는 마음으로 한다면 크게 나쁘지는 않을 것 같다. (이것이 과열경쟁을 더 부추기는 결과가 되지 않았으면 좋겠다. 매출에 소정의 금액만 투자해서 해보는 것도 좋을 듯싶다.)

물론 선물은 이것 말고도 다양하다. 음악회를 가지는 것도 고객을 위한 배려다. 대표께서 직접 책을 쓰는 것도 가게를 알리는 홍보로서 이것만 한 것도 없을 것이다. 이러한 행사는 수익과는 전혀 관계없는 일이다. 하지만 하는 일에 충분한 만족과 즐거움이 따른다.

49

뒤를보는자절대 잊지못하지
순장의아득함을 꾹눌러본일
그런것보면밤은 참단색이지
말갛게씻은한점 또는얼룩을

눈뜨면바로역모 그아련한것
일제히펼쳤다가 사라진과녁
벼랑끝에섰다가 또할퀴다가
안개비스린등뼈 그위살점에

자투리

당나라 시인 백거이는 람경희노覽鏡喜老를 읊으며 나이 듦을 미소로 화답했다. 시 앞부분을 조금 옮겨놓자면 今朝覽明鏡(금조람명경; 오늘 아침 거울을 들여다보니), 鬚鬢盡成絲(수빈진성사; 수염이나 구레나룻 온통 흰 실 같네). 行年六十四(행년육십사; 가는 나이 육십사 세니), 安得不衰羸(안득부쇠리; 어찌 노쇠하지 않을 수 있으랴). 親屬惜我老(친속석아노; 가족 친척들은 나의 늙음이 안타까워), 相顧興歎咨(상고흥탄자; 서로 바라보며 탄식을 하는데), 而我獨微笑(이아독미소; 나는 홀로 미소를 지으니), 此意何人知(차의하인지; 이 뜻을 누가 알랴).

이 시를 진정 이해가 되려면 64세 정도는 되어야겠다. 아직 14년이나 올곧게 남았다. 14년을 더 겪지 않아도 삶이 어떻게 흘러왔는지는 살아본 사람만 안다. 그리 쉬운 길이 아님을 말이다. 아직도 인생은 진행형이다. 현실에 뿌리 닿은 노고는 생의 기둥을 지탱하게 한다. 가지가 많고 기둥이 굵을수록 땅속뿌리는 더 깊고 더 넓게 퍼진다. 부딪는 역량도 만만치 않을 것이다. 그러니 모든 일에 욕심을 줄이는 것도 좋겠다. 그러나 눈처럼 쌓은 한 해다. 어찌 한 해가 거듭할수록 힘은 더 들고 막연히 쉬고 싶은 마음은 누구든 없을까만, 중년은 그렇게 이냥 저냥 가는가 보다.

50

칼한자루에균형 그리고절명
한무리의비명과 젖은형벌에
밀어내다가다시 당기는문자
꽉다문두개골에 깃발을꽂고

냄새없는백비탕 외줄에앉은
어깨들썩거리다 난타한죽비
정말질긴이생명 헐고헐다가
의지할곳도없는 굽은몽타주

자투리

자기 계발서 작가 앤디 앤드루스는 '실패해도 계속해야 한다'며 '성공한 사람들은 가능성이 별로 없어 보이는 일을 계속 시도한 사람들'이라고 했다.

30대 후반에서 40대 초반까지 커피와 관련해서 창업을 여러 번 했다. 또 문도 여러 번 닫았다. 지금 와서 생각해보는 것은 너무 단일 종목에만 치중한 건 아닌가 하는 생각도 든다.

며칠 전이었다. 보험 상품 중 생불을 계약한 모 씨는 한 지역에 10여 종이나 되는 각기 다른 음식을 창업하여 경영한다. 오늘도 잠시 통화를 가졌다. 가맹 본사에 볼 일이 있어 서울에 일 보고 있다고 했다. 어쩌면 열심히 일하는 그가 부러울 때가 있다. 코로나 사태로 망연자실하게 정신줄 놓고 있을 때 또 무언가 새로운 것을 찾아 떠난 것이다.

크고 원대하고 추상적일수록 실패 확률이 높다. 작고 보잘 것 없고 가벼운 것, 절대 부담이 없어야 성공 확률이 높다. 어느 유-튜브의 말이다. 바깥은 일할 게 천지다.

51

선글라스시찰론 앞막막하다
막막한것은앞길 안개같다는
빛이강렬해서더 볼수없다는
보이지않는눈빛 희망의부재

아직도듣지않는 서민경제를
여전히효과있다 경제정책을
촛불민심다죽고 촛불은없고
꿈쩍도하지않는 뻔뻔한촛대

자투리

괴테가 말했다. 가장 유능한 사람은 가장 배움에 힘쓰는 사람이다. 도교에서는 이런 말이 있다. 배운 것을 돌려줘라. 의사 안중근은 하루라도 책을 읽지 않으면 입에 가시가 돋는다. 세르반테스는 희극에서 가장 어려운 배역은 바보이고, 그 역을 맡는 배우는 바보가 아니다.

불행은 내가 소홀하게 보낸 시간의 결과물이다. 그러나 주어진 시간을 알곡곡 보냈다면, 그건 실천의 부재일 것이다.

사업하다 보면 돈도 잃을 수 있다. 잃은 것에 대해 너무 집착하면 현실과 장래가 보이지 않는다. 꽁꽁 언 마음의 바닥에 희망이라는 싹을 틔울 수 있게 하는 것은 독서다. 그리고 다시 무언가 일깨워 주는 봄 같은 것이 있을 것이다. 우리에게 많은 시간이 주어져 있지 않다는 것도 알아야 한다. 우선 해보자. 작은 희망을 갖고 시작하자. 오로지 희망만이 삶의 뿌리다.

52

올이다풀린마당 엉긴저수에
내통화지않은자 어디있을까
가을은말간감빛 폭찍어담다
담아도담지못한 저붉은속살

일제히성문없이 쌓은저성에
침범하지않은자 어디있을까
휙휙소리도없이 그은풍경에
그어도절대긋지 못할저소묘

자투리

죽는 날까지 하늘을 우러러 한 점 부끄럼 없기를 잎새에 이는 바람에도 나는 괴로워했다. 시인 윤동주의 서시에 나오는 한 대목이다.

나에게는 막냇동생이 있다. 여동생이다. 내가 생각한 것보다는 동생은 꽤 많은 돈을 모았다. 그렇게 돈을 많이 모을 수 있었던 것은 보험이었다. 보험은 심히 장기적으로 돈을 넣어야 한다. 물론 생명을 담보로 하는 것이라 건강은 필수다. 보험금을 넣기 위해 궂은일도 마다했다. 작년에는 만기가 다 된 것도 있어, 차를 바꿀까 아니면 집을 옮길까 하며 상담을 가졌다. 10년짜리 '실속든든' 상품을 권했다. 한 번 더 그 돈을 굴리자며 조언을 했다. 동생은 오빠 말을 따랐다. 차나 집은 내가 사자마자 빚이다. 문제는 세금이 더 크게 와 닿는다. 그렇게 따라주는 동생이 참 고마울 따름이다.

1년, 3년 그리고 5년까지도 괜찮다. 가정사에 크게 문제 될 게 없을 것 같다. 하지만, 10년은 엄청난 장기다. 가정사에도 크고 작은 일이 한두 가지일까! 돈은 있으면 나가는 것이 그 속성이다. 사람은 조금 더 욕심을 낼 때 나도 모르게 모두 잃을 때도 있다. 원금에서 복리로 체증되는 상품, 10년 넣기까지가 어렵다. 다 넣고 나면 해약은커녕 빌려 쓰지도 않는다.

그러나, 젊은 사람에게 어찌 설명하기가 어렵다. 나이에 맞지 않게 선견지명이 있는 사람은 뿌듯한 마음마저 들기도 한다. 하지만, 억지로 보험을 넣기라도 하면 왠지 마음이 아리다. 괜한 일을 한 것 같은 느낌이다. 해약하면 아무것도 없는 일 아닌가! 인생에 내가 한 일에 대해 책임을 다하는 것은 그 어떤 일보다 소중하다.

53

고기그득히담은 곰탕한그릇
값은좀비싸지만 몽근한한입
잡고기한점한점 씹는이맛은
속시원하게씻는 곰탕한그릇

호호호뜨끈뜨끈 국물한모금
하루온전히녹는 국물두모금
쫀득쫀득뭉근한 입안대장정
꽉붐빈듯시원히 비운한그릇

자투리

삶의 행로가 한눈에 내려다보이는 생의 마지막 고갯마루에 서 있는 인생의 현자들은 절박한 목소리로 말한다. "인생은 짧다."라고 말이다.*

며칠 전이었다. 문학 동인이다. 오 선생님으로부터 전화를 받았다. 요즘 어떻소? 말씀인즉슨 코로나로 피해는 없는지 건강은 괜찮은 건지 어렵더라도 힘을 내시게 하며 격려의 말씀이 알게 모르게 묻어 있었다. 그리고 한 말씀 더 주셨다. 벌써 육십 넷이야 시간이 어찌 갔는지 모르겠어. 이 선생 건강하세요.

오십이다. 아들 둘 있고, 부모님도 계신다. 아래위 격차가 대충 25년 내지 30년씩이다. 세대를 한눈에 볼 수 있다. 당뇨로 고생하시는 어머님이 계시고 뇌농양과 동맥류 수술을 받으신 아버지가 있다. 벌써 몸이 쇠퇴해 가는 느낌을 받는 필자도 있으며 시간과 노후는 또 건강은 사회에 필요한 그 기초를 다져야 할 기반은 무엇인지 곰곰 생각해야 하는 아들도 본다.

아들에게 인스턴트식품은 몸에 해로우니 삼가서 먹자고 하면 지겹다는 듯이 바라보기도 하고, 이해가 안 되는 듯 아예 들으려고도 하지 않는다. 하지만, 시간은 먼 미래에 심혈관 질환의 고통과 각종 질병의 결과를 초래할 수도 있음을 잘 모른다. 시간은 노화를 가져다주기 때문에 확률은 100%다.

대학 다닐 때가 생각나고, 어려웠지만, 젊음 날 그 한순간 한순간이 생각난다. 마치 엊그제처럼, 그러나 숫자는 50. 마음은 27, 벌써 오십이라니, 참 빨리 왔다.

---

*내가 알고 있는 걸 당신도 알게 된다면, 칼 필레머 지음, 박여진 옮김

54

고인돌같은적막 탁탁깃치다
밤은커다란접시 산자의무덤
한꺼풀씩도려낸 밤의뒤꿈치
이질기고두터운 비계한점을

문대어벗긴먹물 완벽한육탈
젖은물에닳아서 더검고진한
한점씩품은향에 하늘바라다
굳은돌가루에꽉 닫은이무덤

자투리

우리의 인생에서 가장 아쉬운 것이 있다면, 그건 한 번밖에 주어져 있지 않은 죽음이겠다. 이 죽음이 두 번이라면 삶은 얼마나 진지할까 하는 생각도 가져본다. 한 번의 삶, 한 번의 죽음이다. 그러므로 우리는 예술을 하며 영혼의 안정을 기하며 오랫동안 지속하는 꿈을 꿔 보기도 한다.

애초 우리는 두 발로 걷지 못했다. 인간의 생애는 하나의 표본과 다름없다. 인류 역사를 들여다보아도 구석기시대 그 이전에는 네 발로 기었거나 혹은 구부정한 허리로 세상을 바라보았을 것이다. 어린애가 기어가던 시절도 있었듯이 말이다. 온전히 걷는다는 것은 좀 더 멀리 바라볼 수 있었다는 것과 새로운 세계에 대한 희망을 안고 좀 더 빨리 걸을 수 있음을 의미한다.

산소탱크가 달린 휠체어에 앉거나, 보행보조기 실버카에 의존하며 살아갈 날도 멀지 않음을 본다면 무조건 걸어야 한다.

우리는 이미 시간이라는 쏜 화살에 올라앉은 타이머다. 시작이 있으면 끝이 있다. 째깍 째깍 째깍 째깍 째깍 째깍 딸끄닥.

55

입맛에맞는찌개 한술뜨는밥
젖은손젖은행주 햇살한옴큼
며칠손잊고그냥 지나가면은
간장몇술잊은채 끓이고만다

찌개를만들다가 마늘을넣고
나까지쓸어넣어 펄펄끓인다
갈아앉는무게와 끓어오르는
뚜껑이날아가고 수저만깁다

자투리

직종을 너무 자주 바꾸면 정말 좋아하는 일을 찾을 수 없다. 어떤 일이든 내가 좋든 좋아하지 않던 1년은 해보아야겠다. 그러니까 어쩌면 첫 직장이 중요할 수도 있다. 나는 무역회사에 다녔다. 사실, 무역회사였지만, 내가 하는 일은 영업에 더 가까웠다. 1년을 버티다가 그 일을 그만두었다. 일을 그만두고 싶다는 생각은 입사하고 한 달이 지났을 때였다. 내 몸에 맞지 않은 옷을 입고 종일 불편한 몸을 움직인 것 같았다. 그렇지만, 1년을 지냈다. 그리고 커피를 대했지만 마음은 편했다. 마음이 편해서 그런지는 모르겠다. 20년을 했다. 20년의 세월을 겪으면서 많은 것을 시도했다. 커피를 손 놓고 싶지는 않다. 어려운 경기 속에서도 이것만은 있어야겠다는 생각으로 버티는 것이다.

인제였는지는 모르겠다. 수입 차 판매 왕 모 씨의 강의를 들은 적 있다. 그는 얼떨결에 차를 파는 대리점에 들어갔고 몇 달 공치다가 차 한 대씩 팔기 시작하여 수입 차 판매 왕까지 하게 되었다. 그는 이런 말을 했다. 보험을 했더라면 좀 더 재미나게 영업하지 않았을까! 하며, 말이다. 그의 강의를 듣고 보험 일 한 것은 아니었다. 사실, 보험 일을 하리라고는 꿈에도 생각한 적 없다. 보험이 좋아 든 상품이 많은 건 사실이었다. 나를 담당한 FC께서 보험을 한 번 배워보라는 말에 일을 시작했다. 관련 자격증을 취득했고 몇 달 보험회사에서 주문한 대로 일을 했다. 생각보다 보수가 꽤 나왔다. 그렇지만, 인맥의 한계에 젖고 일에 고민이 왔다. 모든 것이 바닥일 때 기본적인 것을 찾아야 한다. 현자는 말한다. “자신이 좋아하는 일을 할 수 없는 상황이라면, 지금 하고 있는 일에서 가치를 찾아라.” 영업은 모두 한통속이다. 나는 커피를 하고 있고 커피를 팔며 관련 기계와 교육 서비스를 팔았다. 보험은 돈이다. 모든 것이 연관되어 있지 않은 것 같은데도 연관되었다.

불행은 언젠가 내가 소홀히 보낸 시간들이 나에게 가하는 복수다. 나폴레옹이 말했다.

56

스멀거리는눈이 맑아집니다
희미한눈빛그냥 돌아옵니다
굳었던발걸음은 가볍습니다
우중충한하늘도 깨끗합니다

바늘로속까놓고 훤히본속살
아버지도좋아한 너끈한진수
끓이면끓일수록 더진해지는
고디국한숟가락 살아있어요

자투리

내 몸은 나 스스로 실험해 보는 하나의 실험체다. 무엇을 먹으면 설사하고 언제 먹느냐에 따라 배가 아프거나 소화에 힘든 과정을 느끼기도 하니까. 나는 김치찌개를 대개 좋아했다. 나름의 길고 긴 총각시절이 있었다. 자취생활을 남들보다 오래 했다. 김치찌개 말고는 별다른 요리를 해본 적이 없다. 사실, 된장찌개가 더 영향가가 높고 맛이 있다는 것도 모르고 지낸 것과 같았다. 그렇게 오랫동안 먹었어, 그런 것인가 싶기도 하다. 김치찌개만 먹으면 소화가 그렇게 잘 된다. 그 외, 음식은 꽤 힘들다는 사실도 알게 되었다.

젊을 때는 돈이 없어 식사를 그러기도 했다. 그렇게 굶고 지낸 일이 많아 가끔은 하루 세 끼 먹는 것에 꽤 큰 부담이다. 지금은 하루 두 끼만 먹으려고 집중하는 편이다. 세 끼를 먹는다는 것은 어떤 때는 힘이 들어 하루 일감에 집중할 수가 없다.

뜨거운 찌개나 국을 좋아하는 것은 그만큼 나이를 먹었다는 방증이다. 속

시원하다. 여기서 반드시 생각할 것이 있다. 우리가 얼마나 오래 살지 모를 일이다. 보험도 100세 시대에 맞게 모든 상품이 조정되었다. 모른다. 혹시 100세까지 쓸 수밖에 없는 몸이라면 싱겁게 먹어야겠다. 병은 쾌락의 이자라고 했다. 흡연, 과음, 형편없는 식습관, 운동부족 같은 것들로 일찍 죽지는 않는다. 몇 년 혹은 몇 십 년 동안 만성질환에 시달리며 고통 받을 뿐이다.

57

평상에앉아먹는 소고기국밥
소한마리어디든 볼수없지만
선인들보다쉽게 먹을수있네
먹는소가똥누지 어서먹세나

우리소우리식단 이은몇천년
소가득한음식은 맛도좋지만
흔히먹을수있게 수고합시다
흰떡에소가드니 수고많았소

자투리

변기는 하얗다. 변기가 왜 하얀지 우리는 별달리 생각해 보지는 않은 것 같다. 단지 오물과 확연히 띄는 색상이니까, 아니면 이물질과 구별할 수 있는 색상이니까, 영어는 toilet, 그 어원이 재밌다. 프랑스어 투알(toile)에서 유래했다. 18세기까지 파리는 공중화장실이 없었다. 길을 가다가 용변이 급하면 망토와 양동이를 들고 다니는 이동식 화장실 업자에게 돈을 내고 망토 안에 들어가 해결했다. 투알은 서민에게는 그림의 떡이었다. 서민들은 길거리나 담벼락에다가 볼일을 봤다. 화장실도 뭐라도 먹었으니까 간다. 육체적인 생리작용이다.

하루에 우리는 얼마나 많은 생각을 하고 또 고민하고 그 고민 더불어 풀지 못한 실타래 같은 것들을 어떻게 처리하는가? 우리의 머리는 99%가 부정적인 생각들로 가득하다고 한다. 이것을 생각의 쓰레기라고 하면, 어떻게 치워야 하나 고민해 볼 필요가 있다. 어떤 이는 운동으로 푸는 사람도 있고, 또 어떤 사람은 취미생활로 해결하는 사람도 있을 것이다. 나는 밤새 이 흰 종이에다가

담는다. 마치 화장실에 다녀온 것처럼 속 후련하다. 가끔 이해가 안 되는 문자와 단어의 조합일지는 모르겠지만, 어떤 때는 이것이 나를 크게 위안한다.

잘 빚든 그렇지 않든 흰 떡에 소다.

58

봄의부피보다도 끝없는가을
가을끝에내린비 잎다적셔요
젖은늪자락펼쳐 보라이땀을
가을은깊고날은 또새며가리

사십팔년전꺾은 분꽃하나가
지웠던궤적으로 잘려있어요
단순명료한몰골 다마릅니다
이제는죽도아닌 풀피리예요

자투리

공자 논어에 나오는 얘기다. 공자가 향락에 빠진 노魯나라 정공定公에겐 더 이상 예법을 기대할 수 없다고 여기고 다른 나라로 유세하러 길을 떠나 위나라로 가는 길이었다. 위魏나라 국경에 이르러 백성이 많은 것을 보고 공자가 감탄하니 따르고 있던 제자 염유冉有가 물었다. "백성이 많아졌으면 그들에게 또 무엇을 해주어야 합니까?" 공자가 대답했다. "그들을 부유하게 해주어야 한다(富之)." "부유해지고 나면 무엇을 해주어야 합니까?" "가르쳐야 한다(教之)."

수많은 세포로 이룬 한 덩이의 육체, 수많은 문자로 이룬 한 권의 책이다. 부유하다는 말은 의식衣食이 풍요롭다는 말이다. 풍요로운 후에야 예절이 있다고 했다. 한 덩이의 육체가 풍요로워지려면 운동과 독서다. 한 권의 책이 풍요로워지려면 끊임없는 사색과 그 결과로 빚는 철학이겠다.

에휴, 아직 멀었다. 분꽃 하나 똑 분질러 놓는다.

59

기원전오천년경 추정되는쌀
주거지의연대가 길지않았다
실마리는짧았고 목만길었다
삶과죽음의변화 짜릿하였다

초기의매장지는 인근개포대
강어귀에침니와 잠수의흔적
배는침몰하였고 주괴만떴다
인양된이자국을 내리긁었다

자투리

상토주무桑土綢繆라는 말이 있다. 새는 폭풍우暴風雨가 닥치기 전에 뽕나무 뿌리를 물어다가 둥지의 구멍을 막는다는 뜻이다. 미리 준비準備하여 닥쳐 올 재앙災殃을 막음을 이르는 말이다.

다른 말로 하자면, 유비무환有備無患이다. 하물며 새도 자신의 둥지를 보살필 줄 안다. 조그마한 가게를 이끌든, 한 국가의 지도자든 늘 깨어 있어야 한다. 어려운 시기를 맞았다. 최악의 사태는 면해야 한다.

60

들소가마른강을 건너갑니다
아침달을볼때에 손이묶여요
묶은길둘둘말아 맡아봅니다
묵은때묵은냄새 어데갑니까

노랗게물든단풍 곱게밟아서
하루를성큼성큼 떼어봅니다
바스락거리거나 움푹끼면은
그하루온통담아 안겨봅니다

자투리

교각살우矯角殺牛라는 말이 있다. 쇠뿔을 바로 잡으려다 소를 죽인다는 뜻이다. 결점이나 흠을 고치려다가 수단이 지나쳐 도리어 일을 그릇됨을 말한다. 일우명지一牛鳴地라는 말도 있다. 소의 울음소리가 들릴 정도로 가까운 곳을 말한다.

아침이면 늘 새롭다. 현자는 말한다. 오늘은 내 남은 생애의 첫날이라고, 늘 깨끗한 백지 한 장을 들여다보는 것 같다. 세상을 보지 못하면 하루를 어떻게 살 수 있을지 말이다. 그러니까 무엇이든 먼저 읽어야겠다.

61

다깎지못한연필 앉았습니다
남는게시간뿐인 행복한유모
죽는순간달빛은 아름다워요
매끄러운뱃살에 조심하세요

미끄러지면오물 자버립시다
떠있는건먼지뿐 이장합시다
더넓은소유지는 닫아버리고
죽어도좋은노래 여기둡시다

자투리

구두는 장미다. 쓰레기통에서 장미꽃이 피어난다면 누구는 거기에다가 물을 줄 것이다. 장미를 피우기 위해 쓰레기통을 다지는 것은 필수겠다.

새벽에 환경 미화원 차량 지나는 것을 본다. 우지직 돌아가는 기계음과 시민들이 내다 버린 쓰레기봉투를 얼른 담아 올리는 환경 미화원을 본다.

아직도 쓰레기를 다 치우지 못해 종량제 봉투에다가 담고 있다.

생이 참 고루하다.

62

병마개를보다가 병뚜껑땄다
띄워띄운물풍선 뻥뻥타다가
거품물고일어서 후우불다가
물에흠뻑취했다 얼룩만꼈다

꾹꾹닫은병마개 숨콱막았다
더는볼수없지만 여태좋았다
영영틀어막았던 비애와비어
한때천공비어라 여한은없다

자투리

요즘 젊은 사람은 책을 잘 보지 않는 것 같다. 오히려 영상문화에 더 젖어 있다. 가령 유-튜브를 들 수 있겠다. 오죽하면 검색은 유-튜브로 할까. 새로운 문화를 만든 셈이다. 보는 것만큼 가장 빠르게 이해되는 것도 없지만, 깊이가 없다. 사색의 즐거움과 창조의 힘은 읽어야 한다. 주위 젊은이를 본다. 책 읽는 사람을 보지 못해 매우 안타깝다. 거기다가 하루가 다르게 신조어는 왜 그리 많이 나오는지 말이다. 하루는 '대깨문'이라고 해서 무슨 말인지 몰라 검색을 해보았다. '대가리가 깨져도 문재인'이라는 말이었다. 나이가 들면 몸도 둔하지만 말도 더듬거린다. 그만큼 순발력이 떨어진다는 말이겠다. 집에 어머니는 한 때 '한 지붕 세 가족'을 즐겨 보았다. 야야 그것 빨리 틀어라, 뭐시고 그래 한 지붕 개 가족, 그러자 온 가족이 크게 웃은 일이 있었다. 정말 '대깨문'이다. 대가리가 깨져도 문제가 많은 세상에 '대깨문'이면 좋겠다. 대다수가 깨만 쏟아지는 문을 열 수 있었으면 좋겠다.

63

내려다본안시성 역시철옹성
늦봄은만춘이라 역시봄같다
어느누가저벽을 뚫을수있나
죽음으로굳게선 믿음의한끝

역공같은문장에 선명한동공
나아가라벗겨라 그리고벗어
창을열어라보라 망각의도취
예서곧은당태종 어서죽어라

자투리

우리는 모두 끼가 있다. 그것을 표출하기가 어려워서 그렇지 재능은 모두 가지고 태어났다. 무엇이든 잘하려고 하면, 많이 해보는 수밖에 없다. 커피를 팔기 위해선 누군가에게 찾아가거나 말을 한다. 말을 잘하지 못하면 커피를 팔 수 없다. 책을 읽었다. 강의도 했다. 더듬거린 적이 한두 번이 아니었다. 매주 토요일 커피 문화 강좌를 개최한다. 요즘은 이 시간이 즐겁다. 이것도 코로나 사태로 창업 이래 몇 주 하지 못했다.

말을 잘하고 싶거든 책을 읽어야 한다. 좀 더 잘하고 싶거든 글을 쓰면 된다. 스스로 문장력을 키워보자. 내가 쓴 글은 좋은 분신이자 수많은 병사로서 철옹성 같은 나의 직분을 지켜 줄 것이다.

64

그릇은구름으로 빨래를했다
세정제하나없이 민물에다가
저무표정한여백 속빼먹는알
탈춤처럼먼지만 툭툭일었다

깃털없는새날고 멈춰선탈수
길어지는세탁에 몸자꾸휜다
꾹짠밤의내장을 빼놓고만다
용암처럼단단히 흘렀으니까

자투리

맹자에 나오는 말이다. 有爲者譬若掘井(유위자비약굴정) 掘井九軔而不及泉(굴정구인이불급천) 有爲棄井也(유위기정야) 어떤 목표를 세워 그 일을 완수(위)하려고 하는 것을 비유(비)하자면 우물(정)을 파는(굴)것과 같으니, 우물을 아홉 길이나 깊이 팠더라도 샘을 발견하지 못하였다면 그것은 우물 하는 것을 애초부터 포기한 것이나 마찬가지다.

예전에 커피 교육을 할 때였다. 한두 해 하고 말 것 같으면 아예 하지 마라며 즐겨 이 말을 사용했다. 한두 해도 되지 않는 사람이 있다. 단순히 노동에 머물러 있는 사람이다. 나름의 체계를 잡고 뿌리를 내리려면 내 하는 일을 적극적으로 홍보하는 홍보대사이자 전도자가 되어야 한다. 그게 쉽지가 않다. 어떤 사람은 그렇게 하는 사람이 있다. 그 길로 가는 사람이 있는 것 보면 영 아닌 것도 아님을 알 수 있다.

처칠이 말했다. 포기하지 마라! 절대 포기하지 마라.

65

좋은영화는여행 영화를보자
산좋고물좋은곳 마음껏보자
집에갈여비찾아 소리를엮어
예묻은감식일랑 지워버리자

바람은망토삼아 여걸쳐두고
카페인한종지에 마음을담아
폼은아주멋지게 탯줄로치고
돌덩이처럼속만 꽉채워보자

자투리

까치는 참새목 까마귀과에 속하는 텃새다. 까마귀보다 조금 작다. 어깨와 배, 허리는 흰색이고 머리에서 등까지는 광택기 나는 검은색이다. 암수 빛깔이 같다.

까치는 동네가 잘 보이는 나무에 앉아 낯선 사람이 오면 깍깍거린다. 까치가 지저귀면 손님이 온다는 말도 여기서 나왔다. 사람 흉내를 잘 내어서 지능이 높은 새다.

식성은 잡식성이다. 쥐와 작은 동물 그리고 곤충 및 나무 열매에서 뿌리 열매까지 닥치는 대로 먹는다. 나무의 해충을 잡아먹는 익조다.

까치둥지는 지름 1m 정도 되는 크기로 둥글게 짓는다. 빛이 잘 드는 곳에 몸이 겨우 빠져나올 정도다. 둥지 한 채를 짓는데 약 1,000개의 가늘고 긴 나무를 쓴다. 작소지풍지소기鵲巢知風之所起라고 해서 바람이 잦은 곳은 낮게 바람이 없는 곳은 집을 높은 곳에 짓는다.

흰 바탕에 검정 깃털, 우리의 멋진 까치집을 지어보자.

66

물가에서서본다 물속고기를
한남자가서있다 붉은침묵에
기타줄같이엮어 그물만꿴다
악보하나없어도 단단하다고

수백마리고기가 헤엄을친다
어항은저항없는 출어의잉태
한시도백날같고 백태의눈알
거세지는눈발에 폭꿰며간다

자투리

칠곡 금오산이 훤히 보이는 어느 깊은 골짜기에서 태어났다. 까마귀를 꽤 숭배한 동네인가 보다. 이름도 숭오동崇烏洞, 71년에 나왔으니 1970년대, 1980년대, 1990년대, 2000년대, 그리고 2010, 2020년대를 맞았다. 그동안 잘 살아온 셈이다.

특별히 큰 병고 하나 없이 지냈다. 작년에 아버지 큰 수술로 병원에 몇 번 드나들 때 일이다. 젊은 사람도 병상에 꽤 있었는데 병은 남녀노소 할 것 없이 찾아온다는 것이다. 그렇지만, 고령화 시대에 아무래도 젊은 사람보다는 나이 많은 어르신이 더 많은 것은 분명하다.

지금부터가 중요하다. 내가 몹쓸 희귀병을 앓거나 불치병인 암 선고나 다발성 골수종을 진단받았다면 남은 생은 얼마 남지 않을 것이다. 사실, 우리는 모두 제한된 시간을 갖고 살아간다는 것을 잊고 있다. 어떤 시기에 어떤 죽음을 맞느냐다.

나는 종교를 믿지 않기에 천국이나 지옥, 혹은 천당이나 지옥 같은 곳은 가지 않겠다. 다만, 사후는 자연으로 돌아간다는 것이다. 한 줌의 흙으로 몇 가지의 원소로 남을 것이다. 그것들이 무엇을 위해 싹을 틔우거나 다른 생물의 숨을 조율할지도 모르겠다.

죽음을 너무 두려워할 것은 없다. 무한한 흐름 속에 잠시 머무는 곳 여기 인간 세계다.

67

릴케가간다간다 병을지닌체
빳빳한백지한장 공포를잊고
릴케가간다아주 떼어버리고
그냥막간다병은 악수하면서

구둣발로짓밟고 릴케가간다
입술짓이기면서 눈뜨고간다
발자국하나없이 흔적을묻고
숨이멎고뼈굳고 훌떠나간다

자투리

시를 처음 느꼈을 때 일이다. 문자의 매력에 흠뻑 젖었다. 시가 뭔지 알기 위해서 시집을 참 많이 읽었다. 옛 시인의 발자취를 느껴보고 싶어 시 전집도 꽤 사다보았다.

내가 읽은 여러 권의 시 전집 중 유독 김춘수 시인의 시 전집이 생각나는 건 이상야릇한 어떤 공상을 띄워주니까. 그는 무의미 시인의 대가다. 나는 의미와 무의미의 의미를 잘 모른다. 그렇지만, 그의 시 전집을 읽을 때는 감동 같은 것도 있었다. '낭산의 악성 백결 선생'이었지 싶다. 읽는 맛과 속도감을 한껏 누렸다. 릴케는 선생께서 좋아했던 인물이었나 보다. 가끔 시에서도 볼 수 있었으니까.

선생의 시 '계단' 전문이다. "거기 중간쯤 어디서 / 귀뚜라미가 실솔이 되는 것을 보았다. / 부르르 수염이 떨고 있었다. / 그때가 물론 가을이다. / 끄트머리 계단 하나가 하늘에 가 있었다."

시는 읽는 사람의 몫이다. 색감과 느낌 그리고 문장에서 우러나는 의미는 각기 다르지만 말이다. 때 가을이었고, 여러 계단 중 끄트머리 계단 하나와 귀뚜라미 그리고 실솔과 수염의 관계를 본다. 여기서 수염도 수염鬚髥인지 수염瘦鹽인지 확인할 필요도 있겠다. 물론 동사에 그 느낌이 어느 정도 묻어나 있는 것도 있지만, 꼭 그렇지만도 않다.

68

완전소모품이다 쓰고버리는
그리고무시했다 덮었으니까
꽂아두었던것은 그나마행운
눈빛잃은촌극에 참극이었다

절대부품이었다 그의길에는
아무데나툭던진 각을새웠다
멀어져간손길에 때만슬었다
눈은더디어낡은 장식용인가

자투리

나에게는 고모도 있고 외삼촌과 이모도 있다. 몇 분은 이미 하늘에 계신 분도 있다. 외할아버지와 외할머니는 많이 뵙지는 못했지만, 그래도 몇 번 뵌 기억이 있다. 그러나 유독 할아버지 용안만 모른다. 아버지 14세 때 돌아가셨으니 일찍 가신 게다. 보험 일하면서 좋은 것은 일가친척을 찾아 뵐 때였다. 고모 얘기를 나누면서 알았다. 할아버지는 어떻게 생기셨고 성품은 어떤 분이었는지 또 집안 사정은 어떻고, 어떻게 돌아가셨는지 알 수 있었다. 할머니는 왜 경상도에 오셨는지 그렇게 먼 타지까지 말이다. 할머니는 서울이 타지였다. 경상도 칠곡은 할머니 고향이나 다름없었던 곳이었다. 할머니의 삶도 보고 느낄 수 있었다. 외할아버지와 외할머니께서도 어떻게 돌아가셨는지 나는 모른다. 얼굴 자주 뵙지 못한 큰 외삼촌과 큰고모께서 돌아가실 때도 없었다. 어떻게 생각하면 참 바쁘게 사시다가 뭐가 그리 급한지 그렇게 또 일찍 가신 것 같다. 그래도 한 때는 동시대였다. 할아버지만 빼면 말이다. 고모께서 하신 말이 생각난다. '너그 할아버지는 막내 고모랑 비슷하게 생기셨다. 엄마가 그렇게 얘기하셨어,' 충청도에 사시는 고모 말씀이었다.

69

한때지붕이었다 바람을쐬는
하늘좀더가까이 올려다보는
한때지붕이었다 숨쉬며보는
이마를짚고훑는 碑銘도없는

한때지붕이었다 별헤아리며
무엇을잃었는지 굳은저덮개
한때지붕이었다 세상벌겋게
관처럼눈을뜨고 새똥만보고

자투리

내가 그간 살면서 가장 후회되는 건 딱 하나다. 맏이에게 몹쓸 체벌을 했다는 것이다. 아이에 대한 체벌은 최악의 훈육이며 아이와의 관계를 망치는 길이다. 내가 생각해 볼 때 사내아이는 육체에 비해서 정신적 성장은 꽤 더딘 것 같다. 겉보기에는 어른스럽게 컸지만, 생각은 못 미친다. 그러느니 바라봤어야 했다.

주위 이혼한 사람이 꽤 많다. 원인은 여러 가지가 있겠지만, 아이의 교육문제로 이혼한 부부도 주위에 있어 그분의 말을 참조로 듣기도 한다. 두 분은 학교 선배였다. 형님은 혼자 사시지만, 누님은 아이 둘 뒷바라지하신다. 누님의 말씀을 듣고 있으면 어찌 내 삶과 비슷해서 꽤 동감을 가질 때가 한둘이 아니다.

아버지도 나에게 체벌한 적 있지만, 시간이 흘러 그런지는 모르겠다. 기억에도 사라졌고 오히려 그간 살아온 세월과 고통과 근심과 여러 심리적인 작용에 묻혔음이다. 다만, 노쇠하시고 힘든 고령의 세월을 보내시는 아버지만 보인다. 자주 찾아뵙지 못한 불효다.

전체를 볼 줄 알아야겠다. 좀 더 세월을 겪은 이로써 좀 더 얕은 물을 볼 때 무엇을 어떻게 해야 할지, 사실 그것도 어른의 잣대일 수도 있다. 내 머리에서 지워지지 않는다. 맏이가 했던 말이,

굳이 매미가 흰 눈을 알 필요가 있었을까요?

70

준엄한꾸짖음이 담겼습니다
스승의주먹속에 감춘비밀들
불안과고통속에 백성을본후
병세가더욱악화 되었습니다

고타마의수행은 고행입니다
궁으로돌아와요 고타마시타
짝펼쳐놓으세요 죽지마세요
다헌옷은버리고 열반합시다

자투리

여행을 생각하면 무슨 말을 해야 할지 모르겠다. 신혼여행도 가지 않았으니까! 지금 생각하면, 초등학교 때 소풍을 다녀온 기억이거나 고등학교 때 낙동강 근처 소풍과 수학여행으로 다녀왔던 강릉과 설악산이 기억에 남는다. 그리고 대학 4학년 때였다. 친구와 함께 울릉도에 한 번 다녀온 적 있었다. 계획은 3일이었지만, 1주일가량 묵은 것 같다. 도보로 울릉도 섬 곳곳 다녔던 기억과 어느 민박집에서 소주 한 잔이 떠오른다. 그 외, 여행과 더불어 특별히 떠오르는 생각은 없다. 안타깝지만 말이다.

평생, 직장생활이라고는 1년 남짓 한 것과 적성에 맞지 않는 자영업에 뛰어든 것이 그 이유일지도 모르겠다. 가만히 생각하면 내성적 성격과 소심한 것은 사회에 적응하기가 꽤 많은 시간이 걸린다. 나이 들어 많이 완화되었지만, 여전히 누군가를 찾아 나서는 일은 주저躊躇하기 때문이다.

잘 살아보려고 잘 살겠다고 노력한 일이 수포로 돌아간 것도 있고 이 일로 매우 안타까운 나머지 절망에 이르는 때도 있었다. 다만, 아내에게 미안할 따름이고 자식 보기에도 떳떳하지 못했다. 함께 사는 것이 어쩜 여행이라는 것을 하루 뉘우치며 사는 것 같다.

71

의혹의정치라고 맹비난했다
차기대선주자라 사이다발언
혜경궁김씨사건 배우스캔달
친형은강제입원 조폭연루설

끊이지않는수사 이게정치다
고구마를먹으면 배든든하다
사이다를마시면 속시원하다
결국경제는챘다 속답답했다

자투리

정치가 경제의 발목을 잡는 경우가 꽤 많다. 우리나라 경제는 소국경제라 더욱더 그런 감이 없지 않아 있다. 정치가 무엇이냐고 공자께 물었다. 양식을 풍족하게 하고, 군사를 정비하고 백성에게 믿음이 가야 한다고 했다. 이중 가장 으뜸이 믿음이다. 신뢰성을 잃으면 어떤 일이든 도모할 수 없다.

카페 가맹사업도 이명박 시절이 좋았고 카페 일은 박근혜 시절이 좋았다. 자영업자는 문재인 정부가 들어서고 나서부터 크나큰 타격을 받았다. 매출 급감에 코로나 사태까지 수습할 수 있는 기미가 보이지 않는다.

경제가 바닥이면 언젠가 오르는 날도 있을 것이다. 바닥만 거닐지는 않겠다. 화투판 얘기다. 지금은 계속 잃고 있지만 언젠가 터질 거야! 이런 희망 고문의 심리 같은 게 우리의 정치와 경제는 없었으면 좋겠다. 정말 잘 될 거라고 믿고 싶다. 코로나는 곧 수습이 될 거고 마스크는 벗고 다닐 수 있는 그날, 꼭 올 것이다.

72

일면식없는종이 새로보니까
문의경계에서본 하나의세계
하나를지우니까 새로운세계
먼산천부여잡고 묻은때씻고

이름은무서웠다 얼굴이라서
얼굴없이사니까 무화과같다
한술밥에봄같고 삭은가슴에
한잠을놓고이내 죽은한뎃잠

자투리

옛 시인을 보면 술로 죽은 사람이 한둘이 아니다. 술로 죽지 않더라도 술 안 좋아했던 시인은 잘 없었던 거 같다. 대표적 시인을 뽑는다면 이상, 박인환, 김수영, 김관식, 천상병을 들 수 있겠다. 대부분 또 단명했다. 하지만 그들의 문학은 이 땅에 사는 사람이면 깊게 닿을 것이다. 이중 한 때 카페를 열었던 시인도 있다. 카페라면 나도 하고 있지만, 참 어찌 버텼나 싶다. 그러므로 소주를 끼고 살았거나 막걸리가 위안이었겠다.

나도 한 때는 소주를 대개 좋아한 적이 있다. 한동안 술을 끊고 지내다가 보험 일하면서 간혹 마신 적 있다. 이제는 근심이 많아 그런 것인지는 모르겠다. 술을 마셔도 즐거운지 모르겠고 오히려 내일은 더 불안하게 와 닿기에 될 수 있으면 마시고 싶지는 않다. 거저 신맛 물씬 나는 커피 한 잔 놓고 이것저것 생각하면서 보내는 것이 최고의 낙이다. 술벗에 좋은 친구가 있을까마는 술이라면 옛 시인도 많으니 친구는 따로 삼지 않는 것도 좋겠다.

73

느낌이좋은시는 언제든있다
오감은느낌부터 그시작이다
시작이반이라고 언제든가자
저너른들판으로 힘차게가자

강바닥에머리가 나뒹굴었다
수많은사람들이 모여들었다
몸통은없고잘린 머리만있다
좋은시는강물에 떠내려간다

자투리

어머님 모시고 자주 병원에 다녀온다. 25년째 당뇨를 앓고 계셔 정기적으로 검사를 받는다. 몸이 많이 불편할 때는 하루에 몇 번 전화를 주신다. 그럴 때마다 느낀다. 노인성 질환에 대해 심각성과 우려를 말이다. 어머니와 아버지는 곧 닥쳐올 나의 미래상이다.

젊었을 때는 모른다. 무릎이 이상하거나 눈이 잘 안 보인다거나 혹은 소변이 그리 맑지 않은 것에 대해서도 잘 모르고 산다. 중년의 나이가 들어서자 조금씩 다름을 느낄 때, 몸은 급격히 노화로 접어드는 시작이다.

노화가 시작되면 운동 말고는 굳이 소중한 일이 떠오르지 않는다. 곧 닥쳐올 휠체어에 앉았거나 보조기구를 밀면서 다녀야겠다는 생각은 아예 없으니까 말이다. 그러려면 걸어야 한다. 하루 최소 30분 이상은 걸으며 땀을 흡족히 빼는 것이 가장 행복한 일이겠다.

어머님께 전화를 드렸다. 촌에 집을 모두 정리해서 내 머무는 곳 경산에 오셔 함께 살자고 했다. 눈이 잘 보이지 않으니 어머님의 눈과 손과 발이 되어야겠다고 생각했다. 어머니는 딱 잘라 말씀하신다. 아무리 보이지 않아도 여기를 떠날 생각은 없다는 것이다.

어느 책에서 읽었다. 인생 60세가 되면 고립된 삶을 살 여지가 있다는 것을 그 고립된 삶을 회피하기 위해, 다른 사람과 관계를 다지기 위해 무언가 배운다고 했다. 어머님도 마찬가지겠다. 눈은 잘 보이시지는 않지만, 동네 여러 어른을 보고 지내시는 것이 마음은 더 큰 위안이었던 게다.

74

바늘같은소금이 있다하얗게
눈처럼따가웠고 잠보다깊다
그그늘이때때로 울면서갔다
그렇게초가집은 허물어졌다

이리저리나뒹군 상자때기를
비쩍마른소처럼 바라보았다
아무것도못하는 어린손으로
그것을하나하나 주워담았다

자투리

연말이었다. 커피 문화 강좌를 통해서 만난 분이었다. 경기 어려운 가운데 창업상담이었다. 작년은 어느 자영업자든 국내 경기가 좋지 않아 꽤 어려운 시기를 보냈다. 상담은 봉제기술로 꽤 큰돈을 버신 분이었다. 잘 나가든 시기에 횟집도 창업했다. 정부가 바뀌고 소득주도 성장으로 인건비 상승과 세금 여파가 닥쳤다. 한 달 매출 오천만 원 인건비 빼고 세금 납부하면 남는 게 없다. 사업주는 꽤 고민을 했다. 크게 손실은 없었지만, 남는 게 없으니 결단을 내렸다. 문을 닫았다. 안에 일하는 직원은 고스란히 실업자가 됐다. 그리고 다른 사업을 하게 되었다. 커피 전문점을 창업했다. 시대가 또 소통의 문화를 빚기에 커피 전문점은 익히 해오던 일과 잘 맞았다. 그러나 거래는 꽤 어려웠다.

하나의 거래처를 만들기 위해 부단히 노력했다. 커피를 넣기 위해서 많은 일을 했다. 기계를 넣었고 보험을 계약했다. 매달 어려운 가운데 점점 느는 손님을 본다. 카페에 오시는 손님은 사업주의 봉제 기술로 만든 갖은 제품을 보고 감상한다. 주문도 꽤 들어온다. 앞으로 일도 잘 되길 빌어마지 않는다.

불무구전(不務求全)이란 말이 있다. 온전함을 추구하려 애쓸 것 없다. 다 쥐려다가 있던 것마저 잃고 만다. 처리하기 어려운 일을 처리해야 식견이 자랄 수 있고, 다루기 어려운 사람을 다뤄봐야 성품을 단련할 수가 있다. 배움은 그 가운데 있다. (處難處之事, 可以長識. 調難調之人, 可以煉性. 學在其中矣)*

거래는 손해 볼 때도 있다. 그렇지만, 거래는 서로에게 이롭다. 내가 파는 게 있으면 내가 사는 것도 있기 마련이다.

---

*출처: [정민의 世說新語] 불무구전(不務求全)

75

너덜이본이더기 잊을수있나
두다리펼쳐놓고 따먹은것을
생생한눈밭길에 눈송이처럼
이아름다운길을 어찌잊으랴

펄펄내린눈속을 이내걸었네
꽃상여타고눈길 줄곧당기며
그꽃구름한편을 벽에매달고
펵펵터지는소리 박쪼개면서

자투리

올 겨울은 겨울이 아니었다. 그렇게 춥지 않았다. 재작년은 또 그렇지도 않았다. 너무 추워 가게 화장실에 물이 얼 정도였으니까. 소싯적에는 재작년에 대했던 추위보다 더 심했다. 동네 못이 두 곳이 있었는데 한 겨울에 못에서 장치기 하며 놀았던 기억이 새록새록 떠오른다. 못 가운데 모닥불 피워놓아도 그 두꺼운 얼음판은 끄떡도 하지 않았다.

조선 세조 즉위를 비판한 조의제문弔義帝文을 지은 김종직은 지금의 서울 시장격인 한성부판윤을 지냈다. 그가 쓴 '고한苦寒'이라는 시가 있다. '여름에 더위를 못 견디겠더니 겨울에는 추위가 또 극심하구나. 일 년에 두 가지가 극심하니 하늘의 뜻을 헤아리기 어렵다.' 기록에 남아 있는 서울의 역대 최저기온은 1927년 영하 23.1도다. 옛날에는 더 추운 날도 있었던 모양이다.

겨울 다가는 마당, 아닌 때에 홍두깨 맞았다. 코로나-19 창궐이었다. 여태 일하면서 가게 문 닫은 경우를 이렇게 많이 본 적도 없을 것이다. 코로나가 진정될 쯤에는 미세먼지가 기승을 부리겠다. 그나저나 마스크는 한동안 꽤 팔리겠다. 모두 이 어려운 시기를 잘 극복하여 서로가 북돋우는 거래가 활성화되었으면 좋겠다.

金宗直(김종직) 苦寒(고한) 심한추위 일부분 "朱夏熱旣甚 玄冬寒又劇주하열기심 현동한우극"

76

간혹있지뜬구름 그것을잊자
석양빛에누워도 목련은잊자
간혹있지별똥들 그래도잊자
면도날같은어둠 수수밭길에

간혹있지계단들 그것을잊자
풍문처럼떠도는 귀신도잊자
간혹있지그림자 뒤끝을밟아
톡톡터지는연꽃 생의강물을

자투리

"재물은 우물과 같다. 쓸수록 자꾸 가득 차고, 이용하지 않으면 말라 버린다. 지금 나라 안에는 비단을 입지 않으므로 비단 짜는 사람이 없다. 따라서 여공(女工)이 쇠했으며, 장인이 없어졌다. 이용할 줄 모르니 생산할 줄 모르고, 결국 모두가 가난해져 서로 도울 길이 없다."

위 내용은 조선 실학자 박제가(1750~1815)의 북학의(北學議)에 나오는 대목이다. 어찌 보면 지금의 세상을 그대로 보고 하는 말 같다. 서민은 소득이 증가하길 바란다. 소득이 좀 나아지려면 어떻게 해야 하나? 기업이 흥해야 한다. 기업이 흥하려면 세금이 낮고 나가는 고정비용이 예전보다 훨씬 저렴해야 할 것이다. 그리고 시장은 자율경쟁에 맡겨야 할 것이고 작은 정부를 지향해야 할 것이다. 즉, 소비를 진작하고 생산을 증진한다면 경제에 활력을 불어넣지 않을까!

조선의 기업은 해외에 나갔다. 왜 나갔을까? 적재적소에 맞는 목표시장을 겨냥한 기업정책도 있겠지만, 보다 저렴한 고정비용이 가장 컸을 것이다. 문꾹 닫은 가게가 아니라 예전처럼 사람의 발길이 잦은 거리를 보고 싶다.

77

진흙탕에피웠던 샛노란꽃잎
고달픈하루잊은 수놓은꽃길
이제는추억속에 핀악의꽃잎
헐레벌떡가을은 석양노을빛

꾸벅꾸벅한걸음 뜨개질같이
한땀씩떼며걷던 봉우리같이
어설프지만곱던 고운무지개
영락없이핀찔레 엎드린한낯

자투리

커피를 언제부터 즐겨 마셨을까? 대학 다닐 때였다. 자판기 믹스커피가 그 시작이었다. 달고 맛이 있었다. 진짜 커피를 마셨을 때는 그 맛을 잘 모르고 마셨다. 커피는 단맛, 신맛, 쓴맛, 그리고 떫은맛이 있는데 그 맛의 분간이 되지 않았다. 커피를 볶기 시작했을 때 조금씩 알기 시작했다. 커피가 쓴맛이 아니라 신맛도 있다는 것을, 진짜 커피는 신맛이 잘 우러나올 때 그 맛의 깊이를 느낄 수 있다.

나는 아침에 출근할 때면 꼭 커피 한 잔 직접 내려 마신다. 뜨겁고 달콤하고 향긋한 맛이 물씬 풍기는 커피, 꼭 드립 한 잔 마시고 하루를 시작한다. 근데 오전에 마시는 커피는 여러 잔을 마셔도 지겹지가 않다. 그런 거 보면 나도 이제 커피 중독자가 되어 가는 듯하다. 오후는 식사를 하지 않았을 때와 식사하고 난 후의 느낌은 확연히 다르다. 말하자면, 식사한 후에 마시는 커피가 제일 맛있다. 속에 들어가는 카페인이 이미 먹은 식사와 잘 어우러지는 셈이다. 될 수 있으면 저녁은 커피를 거르면 좋겠지만, 그렇지 못하다. 나는 또 책을 읽거나 글을 쓰는 게 취미라서 내 자리 옆에는 아내보다도 더 정겹게 드립이 늘 붙어 있다. 이 드립을 한 잔 마시고 나면, 잠은 다 잔 것이다. 새벽 4시 혹은 5시까지 글 쓸 때가 잦기 때문이다. 요즘처럼 코로나 사태가 있은 후, 더 그렇다. 심리적으로 불안할 때는 뭔가 창조적인 일을 할 때, 안정이 된다.

그나저나 커피를 줄여야 한다. 마음은 늘 그렇게 생각하면서도 줄일 수 없는 내 처지다.

78
주머니를보다가 다시부른혼
마치산사람처럼 내앞에있다
육체는없지만은 혼은있으니
눈부신어둠처럼 그눈을본다

그림자만혼연히 살아있으니
그려낼순없어도 소리는살아
다정도하여이리 좋은친구다
등불같이보니까 귀에머문다

자투리

나의 외가는 당뇨가 유전인 듯하다. 외삼촌도 이모도 어머님도 더 나가 외할아버지와 외할머니는 말할 것도 없다. 모두 당뇨였다. 아버지께서도 당뇨가 들었지만, 어머님만큼 심하지는 않다. 당뇨가 얼마나 무서운 병인지 대해보면 안다. 피부가 썩어 들어가거나 눈이 멀어진다. 어머니는 후자다. 사물이 흐릿하게 보여 그 불편함을 마치 먹물 한 방울 놓은 것 같다고 하셨다.

우리 조선의 역사는 정치가 고루지 못해 서민은 늘 가난했다. 가난의 세습은 부족한 식단과 영양가로 우리 몸에는 이미 유전적인 체질이 형성된 듯하다. 세대가 바뀌고 경제가 활성화되고 보니 식습관이 많이 달라졌다. 요즘은 다이어트에 대한 필요성 때문에 가끔 굶는 사람은 있어도 굶고 지내는 사람은 없다. 먹는 것도 이제는 서양화되다 보니 살찐 국민이 꽤 많은 것도 사실이다. 기름진 음식을 먹고 커피 한 잔 마시는 게 요즘 식문화다.

커피도 마찬가지다. 우리가 커피를 마시기 시작한 것은 고종황제 때부터였으니까 약 120년은 족히 된 것 같다. 120년의 역사로 유전적 형질이 바뀌었다고 보기에는 어렵겠다. 커피는 여러 가지 효능이 있다. 첫째는 카페인이다. 카페인에 대한 작용은 좋은 점도 있지만 나쁜 점도 있음을 알아야 한다. 불면증과 심장박동이 조금 빠르다는 것, 신진대사를 원활히 하고 이뇨작용이 빨라 화장실 자주 갈 수 있는 점, 무엇보다 두뇌에 각성효과는 정신을 맑게 한다.

당뇨로 시작했으니 말이다. 커피가 당뇨에 좋다는 글을 쓰고 싶었다. 먹은 것이 있으면 장에 오래 머물면 병이 생긴다. 모든 병은 장에서 온다는 말도 있다. 커피를 마시면 장은 쉽게 비울 수 있어 그것 하나만큼은 참 좋은 거 같다. 필자는 아직 당뇨는 오지 않았다. 늘 내 몸은 하나의 실험체로 바라본다. 나이가 들수록 더 관심을 기울인다.

79

가장서글픈말은 무엇일까요
처량하게앉은말 외롭다는말
한마리꽃뱀같이 달빛을물고
잘묶지도못하는 짧은구두끈

가장멋있는말은 무엇일까요
갈퀴휘날리며온 마부의언덕
나무없이바라본 끝없는그네
저승꽃하나따서 예묻어주고

자투리

삼성의 브랜드 가치가 세계 4위까지 오른 바 있다. 경기가 좋지 않아도 10위 안팎은 하는 것 같다. 그만큼 삼성이 세계 곳곳 영향이 안 미치는 곳이 없다는 말이겠다. 대단한 기업이다. 이에 비하면 카페 조감도는 뭔가 하는 생각이 들었다. 경산에서 운영하는 아주 작은 카페, 그것도 아니겠다. 100평대 가게면 작지도 않다. 지금은 코로나로 문 닫게 생겼지만, 그나마 자부심 있게 운영한 카페였다.

예전에는 신종 바이러스가 출현해도 그렇게 민감하지는 않았지만, 정보전달 속도는 시민께 아주 큰 영향을 끼친 듯하다. 병원균의 전파 속도와 사망자 수가 실시간으로 오르고 그것을 본 시민은 두려움을 느꼈다.

옆집 콩누리 사장께 오래간만에 전화를 드렸다. 가게가 며칠씩 문이 닫혔고 도무지 문 여실 기미가 없는 듯해서 안부 상 전화했다. 사장님 왈, "혹시나 걸릴까 싶어 아예 닫았지, 뭐 그것도 그렇지만, 다른 사람에게 영향을 끼치는 것도 좋지는 않잖아."

나는 조금 심한 독감 정도로 보고 싶었다. 예전에 독감을 앓은 적 있었다. 죽는 줄 알았다. 내 기억으로는 보름 정도 앓았으니까. 이불을 그렇게 폭 덮어쓰고 방에 불 가득 넣어도 벌벌 떤 적 있었다. 정말 가는 줄 알았다. 그렇게 심하게 앓고 나니까 면역력이 생긴 건가! 그 후, 독감은 없었다.

그나저나 동네 이리 카페 하나 운영하는 것도 노심초사다. 저 큰 기업이 세계를 움직일 때는 그 대표는 어떤 마음일까! 정말 대단하지 않은가!

80

무지개쪽너머엔 봉숭아꽃빛
꽃빛에적신핏물 서역에눕고
혀짤배기소리로 무친가마솥
한주걱후벼파다 밥풀떼기야

언덕에노니는양 잔디만뜯고
들판길돌아돌아 노을빛낚아
반죽처럼뽑아서 불씨에구워
그저나간이빨에 툭뱉어놓고

자투리

초등학교 다닐 때였다. 그러니까 40년 전이다. 학교는 가끔 가계도를 조사한 적 있다. 또 무슨 그런 난欄 같은데다가 시조는 누구며 파는 몇 대손인지까지 적었다. 나는 어린 나이에 몰라, 그 종이를 집에 가져가 아버지께 드렸다. 아버지는 시조는 이성계, 파는 세종대왕, 17대손(담양군)이라고 쓰셨다. 그걸 학교에 다시 가져갔는데 친구가 보기도 해서 부끄러운 적이 있었다. 세종대왕은 성군이자 우리나라 영웅이었기에 왕가의 자손일까 하며 친구들이 그렇게 바라보는 듯해서 말이다. 세월은 흘러, 한 번씩 아버지 따라 서울에 성묘도 다녀오고 집안 큰어른께서 여러 친지들이 모인 가운데 말씀을 하시면 그제야 알게 되었다.

어느 책에서 읽었다. 우리의 유전자는 1,000쪽이 넘는 한 권의 책과 같다. 세대 5대만 올라도 우리의 피는 칭기즈칸까지 섞인다고 했다. 우리나라 사람이면 세종대왕뿐만 아니라 민족의 영웅 장군 이순신까지 그 피가 흐른다.

박현모 선생께서 쓰신 세종에 관한 책을 읽었다. 선생의 말이다. "세대와 지역, 이념과 진영으로 사분오열되어 있는 정치를 한데 묶는 계기를 마련하지 못하면 우리나라는 미래가 없다고 했다.", "우리 정치사에서 포용의 리더십을 말하려면 세종을 배워야 한다."라고 했다. 세종실록에서 본 세종의 5단계 대화법이다. 간략하게 적어본다. 1, 이위하여以爲何如 어찌하면 좋겠는가? 2, 경언심가卿言甚嘉 그대의 말이 매우 좋다. 3, 자부지자自不知者 나는 잘 알지 못한다. 소술선지紹述先志 이전 의견 검토하자 5, 성심적솔誠心迪率 솔선하여 성심을 다하라.

정말 이 나라를 이끄신 나라님께 한 마디하고 싶다. 이위하여以爲何如라?

81

산은적적한고요 무덤과같다
흑백티브이같은 억새군락지
오늘은해가뜨고 바람이불고
우는이텃밭에서 핀아지랑이

바람이불어칠때 서걱거리는
파도처럼일렁인 천장수세미
닿지도않으면서 내내쓸면서
떼거지로몰려온 어둠의백치

자투리

금리를 보면 근 3년을 보아도 오르락내리락했다. 우리나라 금융정책은 미국 금리에 큰 영향을 받는다. 미국이 금리를 올리거나 내리기라도 하면 소국 경제인 우리나라는 자본의 흐름에 따라 실물경제가 미치는 영향은 적지가 않다.

보험회사에 있으면 놀라운 사실은 고액 건 계약이 상당히 많다는 것이다. 비과세 조건 10년과 복리는 노후를 준비하는 소비자께는 구미가 당긴다. 여러 선진국의 행보나 경제 시국을 보아도 금리가 크게 오르지는 않을 것 같다. 더욱 재산 보유 형태도 점차 부동산에서 유동성이 강한 자산 쪽으로 갈 것으로 보면 보험 상품은 아주 매혹적이다. 세금과 빚을 안으며 부동산을 갖고 싶지는 않을 거니까.

지난 3일 금융감독원에 따르면 지난해 말 기준이다. 금융회사에 맡겨진 신탁재산은 968조 6,000억 원이라고 한다. 신탁은 고객이 채권, 부동산 등을 금융회사에 맡기면 해당 회사들이 일정 기간 재산을 운영해 이익을 남겨주는 제도다.

그나저나 저 많은 돈 중에 나는 도대체 얼마를 맡긴 건가! 노후를 생각하면 아직도 갈 길이 멀고, 업무와 중압감을 생각하면 산에 들어가고 싶은 게 진심이다.

82

빈속에술을치고 열병을얻어
눈빛잃은오후에 홀로앉아서
섬하나생각하며 시작했지요
너거기있지말고 얼른나와라

대답은허기처럼 없었습니다
어디선가날아온 파리하나가
자꾸내머리위에 앉지뭐니까
천장만바라보고 굳었습니다

자투리

우리나라 성인 독서율이 매년 최저치를 경신한다는 소식을 읽었다. 그 원인은 바쁘고 일하느라 책 읽을 시간이 없다는 것이다. 신문마저 보지 않는 사람이 예전에 비하면 꽤 많아진 것도 사실이다. 모두 휴대전화기로 세상 돌아가는 소식을 보기 때문이다.

우리 카페는 주말만 제외하고 신문이 매일 배달된다. 젊을 때와 다른 것은 책 보기는 어렵고 차라리 신문보기는 편하다는 것이다. 신문은 역사와 문화, 정치와 경제, 사설과 논평 등 일목요연하게 옛것과 비유하여 잘 설명하고 현재와 미래를 보게 한다. 오히려 책보다 나을 때가 많다. 신문을 보다가 괜찮은 내용이 있거나, 꼭 알아두어야 할 상식 같은 게 있으면 스크랩도 잊지 않는다. 그렇게 스크랩하면 언제 다시 볼까 싶어도 내 글을 쓰는 데 있어 요긴하게 사용할 때도 있다.

글은 비유를 잘 놓게 되면 꽤 읽을 만하다. 현재와 과거, 현재와 미래 여러 상황을 종합적으로 보고 지금 상황을 점검하는 것은 필수다.

83

신아니면서신에 가까이간다
하루세끼밥먹고 그냥누워도
부족한인생자꾸 긁는저바닥
돌부리에걸려서 깨는이등신

물의끈을풀려고 관을덮는다
밤새죽은시인이 다녀갔나봐
모근이하얗더니 저승이라고
원래없음이나고 무에또간다

자투리

사마천의 사기, 화식열전에는 이런 내용이 있다. '사람들은 저마다의 능력에 따라 그 힘을 다하여 원하는 것을 손에 넣는다. 각자가 생업에 힘쓰는 것은 물이 낮은 곳으로 흐르는 것과 같다. 물건이 부족하면 절로 모여들고, 넘치면 다른 곳으로 흘러간다. 나라가 생업에 간섭하지 않으면 물자가 안정된 가격을 유지하고, 공평하게 유통된다.'라고 했다. 2,200년 전에 쓴 내용이다.

경제학의 아버지라 일컫는 아담 스미스의 '국부론'과 비교해도 결코 떨어지지 않는 내용이다. 두 권의 책에서 얻을 수 있는 교훈은 시장의 자율이다. 부국의 원리는 보이지 않는 손이 움직이는 시장에 있다.

어떻게 하면 장사를 잘할 수 있습니까? 2,200년 전의 사마천께 물었다. 선생은 이렇게 대답했다. 임기응변의 지혜가 있어야 하며, 결단하는 용기가 있어야 하고, 베풀 줄 아는 어짊이 있고, 지켜야 할 것을 반드시 지키는 그런 지조志操가 있는 자는 상인의 자질을 타고난 것이니 이에 맞게 노력하라.

84

언제까지가야지 갈때는있나
지금어디에있나 어디로갔나
굳은물고기하나 입맛다시다
나는어디로갔나 갈때는있나

나본체만체간다 영원히간다
몇광년이고간다 비처럼간다
수억만개빗방울 물새가간다
저우주끝바다에 무작정간다

자투리

1만 시간의 법칙이라는 말이 있다. 어떤 한 분야의 전문가가 되려면 최소한 1만 시간 정도는 투자해야 한다는 내용이다. 1만 시간으로 보면 하루 3시간 투자 시 10년이 걸리며, 하루 10시간 투자할 때는 꼬박 3년이다.

미국 콜로라도 대학교의 심리학자 '앤더스 에릭슨'이 발표한 논문에서 처음 등장한 개념이다. 이후, 다른 논문에도 많이 인용될 정도로 큰 영향을 끼쳤다.

커피를 20년 이상 했다. 커피와 더불어 이것저것 다룬 것도 꽤 많다. 1만 시간을 투자하여 제대로 한 것은 몇 개인가? 곰곰 생각해본다. 1만 시간 이상을 투자한 커피를 손 놓기 싫어서 또 다른 1만 시간을 투자한다. 앤더스 에릭슨 교수께서 말씀하신 1만 시간의 법칙을 믿기로 한다.

85

새밭은어려워요 他者와打字
매매핝았습니다 호젓한신음
비음은어떤가요 앍았습니다
여신처럼다녀간 네입술에서

밤새피었다가간 새밭을보고
담았던손가락에 강을건넜다
버즘나무밑에서 앉은것처럼
햇볕은사정없이 내리쬐었다

자투리

허심탄회虛心坦懷라는 말이 있다. 마음을 비우고 사심을 품지 않고 너그럽게 본다는 말이다. 탄坦은 탄탄하다는 뜻도 있지만 너그럽다는 뜻도 있다. 탄탄대로坦坦大路는 앞에 장애물 하나 없이 널찍한 도로다. 회懷는 '품다'라는 뜻도 있지만, 마음과 정, 생각도 가진다. 회포懷抱를 푼다는 말은 마음에 담은 정이나 생각 같은 것을 푸는 것을 말한다.

'정치란 무엇인가?'라는 말에 공자의 말씀을 쓴 적 있다. 믿음이 중요하다는 얘기도 있었다. 일기는 자신과의 진솔한 대화다. 허심탄회하게 현실을 점검하고 내일을 보는 눈빛을 가져야 한다. 쓰는 행위는 단지 생각하는 수준 그 이상의 효과를 낳는다. 그것은 믿음을 갖게 하며 내 하는 일에 자신감을 심어준다.

지금 하는 일이 있다면 거기서 반드시 배울 것을 찾아야 하고 이왕 시작한 거라면 최선을 다해야 할 것이다. 인생은 끊임없는 도전과 성취가 있을 때 행복감을 누린다는 것도 기억해야겠다.

86

주먹이지나갔다 우글거리는
물고기떼안고서 죽흐르듯이
세찬주먹을이제 갖고싶지만
물맛이좋아거저 묶은고무줄

주먹을또보았다 세상을향해
깃대처럼서있는 사열한병사
피흘렸던기억은 고꾸라지고
암흑보다깊었던 달빛만쏘고

자투리

낭중지추囊中之錐라는 말이 있다. 능력과 재주가 뛰어난 사람은 어떤 상황에 있어도 두각을 나타내기 마련임을 비유하는 말로 사마천 사기에서 나온 문구다. 직역은 주머니 속에 송곳인데 송곳처럼 삐져나오기 십상이니 어떠하든지 간에 두각을 나타내는 것이 된다. 다른 말로 하자면 군계일학群鷄一鶴이다.

세상은 어찌 점점 더 어렵다. 거기다가 코로나 사태까지 겹치니 더는 손 쓸 일도 없다. 고객의 동향도 움직일 때 파악하는 것이지, 전혀 이동이 없으니 말이다. 이럴수록 책을 보고 지난날 일기를 다시 점검해 본다.

내가 만든 주머니에 송곳처럼 삐져나온 생각과 마음은 무엇인지? 암흑보다 참 깊은 밤이다. 달빛이 이리 밝은 것은 주위가 어둡기 때문이겠지.

87

풍치가풍치보고 히죽거린다
공원이원공보고 깐죽거린다
빈대의핏자국에 퍼뜩닭았다
참빗처럼훑고간 깃발이었다

발목은왜목발로 오지않는가
족장에꿴구슬로 목에걸고서
발목은왜목발로 오지않는가
장지를비틀면서 이장하면서

자투리

만초손겸수익慢招損謙受益이란 언제나 거만하면 손해를 부르고 겸손하면 이득을 본다는 뜻이다. 겸손의 자세로 경청을 들 수 있겠다. 나를 보지 말고 상대방을 먼저 보아야 한다. 상대의 지식을 존중하며 상대의 상황을 먼저 이해하는 것이 일의 출발이다. 일은 언제 시작해도 늦지는 않다. 거래가 끊어지는 것보다는 기다리는 것이 오히려 나을 때도 있다. 영업의 확장은 무엇을 파는 것이 아니라 상대의 지식과 상황에 좀 더 가까이 다가가는 것이다.

거울을 보지 말고 창밖을 보라.
자아를 보지 말고 상대를 보라.

88

사슬로묶은이슬 기꺼이보자
미친돌개바람을 물솥에담아
펄펄끓여서건진 옥돌하나면
뒷덜미없는어둠 맑게씻으면

오금박은한때를 잠시놓았다
역병이지나가다 액땜꽂았다
빈속에현기증이 잠시일다가
초개처럼한목숨 이리가볍다

자투리

몸무게를 줄여야 한다. 내 무릎이 이상이 있으면 그건 불어난 몸무게 때문이다. 10kg 더 쪘다면 아령 10kg을 온종일 들고 다니는 것과 같다. 하늘을 보라. 창공을 유유히 나는 새는 자유롭게 보인다. 그러나 새들은 저 비행이 고통스러울 것이다. 새는 진화를 통해서 자신의 몸무게를 필사적으로 줄였다. 어떤 현자는 새의 뼈는 비었다고 한다. 공기저항을 덜 받기 위해서다. 닭뼈를 보라. 날지 못한 뼈는 더욱 단단하다.

포인트를 줄이고 하늘을 날자.

89

안열리는편두통 타는내장들
영락없는안개속 문어발처럼
잔은텅비었다가 가련한침묵
그침묵깨뜨리고 피어난단지

땀은흐르고섞은 구름한조각
간헐적으로읽은 마을저편에
지도에없는길을 끝까지열어
안열리는뼛속을 힘껏쪼개며

자투리

조선시대의 최고의 무신을 꼽는다면 당연 이순신 장군이다. 자는 여해汝諧 시호는 충무忠武다. 32세에 무과에 급제한 후 전라좌도 수군절도사가 되어 거북선을 제작하는 등 군비 확충에 힘썼다. 임진왜란이 일어나자 한산도에서 적선 70여 척을 무찌르는 등 공을 세워 삼도 수군통제사가 되었다. 원균의 모략에 의해 좌천되었다가 원균이 칠천량 해전에 대패한 후 다시 삼도수군통제사로 복귀했다. 이순신은 남아 있는 전선을 수습하여 붕괴된 조선 수군을 재건했다. 13척의 배로 130여 척의 왜군에 맞서 대승을 이룬 명량대첩 후, 노량해전에 적의 유탄에 맞아 전사하였다. 저서로 '난중일기亂中日記'가 있다.

이순신은 분명한 목적이 있었다. 이에 대해 철저한 준비를 했으며 목숨을 건 실행이 있었다. 전란이라는 어려운 시기에 초연한 성찰은 내일을 준비한 장군의 자세를 볼 수 있겠다.

올곧게 길을 걷자 기본을 갖고

90

몸으로쓰는일기 성시같아서
쓰러진이제국을 누가새울까
모래성같은날들 쌓은하루가
돌이되지못하고 누운하루를

물위를걷듯잠시 파문만일어
하늘만바라보며 하늘그리는
새똥과잎떨어진 물위파문들
하루씩지워나간 침몰의백개

자투리

인무원려人無遠慮 필유근우必有近憂, 공자의 말씀 논어에 나온다. 앞일을 생각지 않으면 반드시 가까운 곳에 근심이 있다고 했다. 글도 읽는 사람에 따라 달리 해석할 수도 있겠다. 가까운 곳을 너무 치중하다 보면 먼 장래를 올바르게 볼 수 없다는 뜻도 있지만, 장래를 계획하고 실행하는 힘이 없으면 반드시 가까운 곳에 우환이 생기기 마련이다.

어떤 일을 도모하는 데는 시간과 돈과 인력, 그리고 지식과 정보가 필요하다. 시대가 바뀌었고 관련 정책이 바뀌었다. 가장 중요한 것은 돈과 인력과 정보다. 어떤 한 종목에 창업하려면 자본금은 얼마나 들어가는지 미리 파악하며 내가 투자하려는 종목의 정보 즉 관련 시장은 어떤지 생산에 소비는 어떤지, 매출에 따른 이문과 지출 내역을 꼼꼼히 확인해야겠다. 다음은 인력이다. 한 사람의 인건비는 아주 큰 문제로 등장했다. 한 가지 더 든다면 세금도 만만치 않다는 것을 기억해 두자.

아무것도 하지 않으면 아무것도 얻지 못한다. 멀리 바라보고 뛰어야 지금 내 안은 문제를 덮을 수 있을 것이다.

근심을 없애는 일 당장 서는 일

91
숟가락을님이라부르자
까니습었먹을밥나마얼

자투리

지문과 홍채는 지구 상의 모든 사람이 각기 다르다. 남과 구별하는 신체적 특징이다. 남과 구별하는 수단이 이런 생체적 특징 말고도 하나 더 있다. 사람의 뒷모습이다. 우리는 다른 사람의 뒷모습은 쉽게 볼 수 있으나 자신의 뒷모습은 몇 번이나 볼 수 있을까? 나의 뒷모습은 다른 사람만이 볼 수 있겠지.

40대가 되면 대학을 나왔건 안 나왔건 별반 같다는 40대 지식의 평등, 50대가 되면 다 둥글넓적해져서 미운 것도 예쁜 것도 없다는 50대 외모의 평등, 60대가 되면 남녀가 서로 섞여서 남자인지 여자인지 잘 모른다는 60대 남녀의 평등, 70대가 되면 아픈 사람이나 안 아픈 사람이나 다 거기서 거기라는 70대 건강의 평등, 80대가 되면 돈이 아무리 많아도 쓸데가 없게 된다는 80대 재물의 평등, 90대가 되면 살아 있는 들 산 것이 아니고 죽은들 죽은 것이 아니니 살아 있으나 죽어 있으나 마찬가지라는 90대 생사의 평등을 갖는다.

천명을 아는 나이 거울을 벗자.

설왕설래 '사람의 뒷모습' 김기홍 논설위원 참조. 2018.02.18.

92

대북정책성과는 안개같다만
잡힐것알면서도 은행만턴다
털어놓은흉흉한 살인사건에
물가는올라가고 실업률높아

세금도마찬가지 더투자안해
외국인노동자는 사상최대며
이자율압박속에 두려운경제
두려운건대탈출 물밀듯잇고

역병에꾹꾹닫은 말없는상가
서민은무얼믿고 살아야하나
안갯속우리사회 좌초한건가
현정부문재인께 나묻고싶네

자투리

이구동성이다. 통신이 두절된 외딴섬 같다. 감옥이 아닌 감옥처럼 우리는 서로 갇혀 있었다. 근 3년 가까이 아무 말 없이 아주 착한 개였다. 행복한 것이 아닌데도 행복한 것처럼 보였고 절대 부유하지도 않으면서도 뭐 있는 것처럼 폼까지 냈다. 한마디로 위선이었다. 미소 지으며 반기는 은행 지점장만 생각이 나고 반찬 하나라도 더 담아 갈까 눈치만 보는 식당 아주머니였다. 근데 쓰레기는 매일 왜 그리 나오는 건지? 팔자걸음처럼 걷는 고양이었다.

검은 뚜껑만 꾹 닫은 아메리카노였다.

93

우걱뿔을파는자 우상은없다
잠시켜둔불이라 파문도없는
보름달같은것은 아예없으니
문학이라고다만 쓰레기였다

욕심을갖지마라 글은글이다
거저와닿는등불 더는없었다
순간본희망그게 모든것이다
절대욕심은금물 다만글이다

자투리

시구詩句를 파는 자는 모든 우상을 거절해야 하고, 모든 것과의 관계를 깨뜨리고, 진리도 체류할 미래도 갖지 말아야 한다. 희망에 대한 어떤 권리도 없기 때문이다. 모리스 블랑쇼(1907~2003)의 말이다.

시인 허연의 말*을 덧붙여 놓는다. 문학작품을 탄생시키는 자는 그것을 탄생시킨 즉시 작품으로부터 추방당한다. 탄생시킨 순간 내 것이 아니므로 거기에 어떤 희망도 만들어 놓을 수 없다. 설령 만들어 봐야 독자에게 가는 순간 다른 것이 된다.

결국 책을 읽는다 것은 무엇인가? 나의 글을 쓰기 위함이다. 뚜렷한 목적을 갖고 있는 사람은 책을 읽는다. 책을 읽는 시간은 없다고 치도 신문은 꼭 본다. 나중에 어떻게 활용할 것이며 내 속에 담은 그 어떤 우물을 퍼 올리기 위한 하나의 마중물로서 역할은 충분하니까 말이다. 하지만 문학작품은 수많은 가지라 거저 문학이라는 큰 기둥 하나를 두텁게 할 뿐이다.

시를 읽으면 그 맥락은 뚜렷하게 보인다. 그것이 어떤 유파로 흘러 들어갔는지는 크게 이해할 필요는 없다. 솔직히 시에 담은 그 내용도 진정성이 있는지도 그 흐름을 알고 읽으면 별 재미는 없으니까, 왜냐하면 시인의 허구까지 느껴지니까 말이다. 그것이 사실적인 내용이라도 해도 말이다.

---

*허연의 책과 지성, 모리스 블랑쇼, 2020.03.07.

94

달빛에굽는청어 하루가금시
쌓는그한잎한잎 덫의발목들
비쩍마른몰골과 불룩한갈퀴
숟가락보다나은 굳은정어리

자투리

쓰는 행위는 어쩌면 내 마음을 안정시키기 위한 주술적 행위에 가깝다. 모든 것이 잘 될 거야, 암 잘 되겠지, 그래 잘 될 거야. 한 권의 책을 엮는다는 것은, 이것만큼 부끄러운 일도 없을 것이다. 내가 그만큼 못났고 모자라며 얼마나 부족한 것인가를 대외에 알리는 행위나 다름없다. 어쩌면 책은 반성의 장이며 뉘우치는 행위의 결과물이다. 좀 더 잘 할 수 있는, 좀 더 나아갈 수 있는 어떤 안식의 세계다. 마치 집처럼 말이다. 내일은 한 발짝이라도 떼어보자는 어떤 동기부여다. 내 모든 것을 보이고 믿어달라는 그만큼 솔직 담백한 이야기가 책이다. 그렇게 묶은 그 책의 가장 큰 독자는 다름 아닌 나라는 것을 말이다.

95

숲에도깨비있다 이런난세도
도깨비하나있다 숲이좋아야
때깔좋은도깨비 허름한숲에
비쩍마른도깨비 에둘러있다

물이배를띄우고 배를엎는다
매번내린눈녹아 맨땅에끝눈
다시또없는흰눈 끝에내린눈
물이되지못하고 바닥에언눈

자투리

회사후소繪事後素라는 말이 있다. 모든 일에는 순서가 있다. 집을 지을 때도 바닥을 먼저 다져야 하고 강을 건너기 위해서는 다리를 먼저 놓아야 한다. 그림을 그릴 때는 바탕을 이룬 뒤, 내 원하는 그림을 그려 나간다.

글 같지 않은 글 참 많이 썼다. 이러지 않으면 어찌 또 버텼을까!

비쩍 마른 도깨비다. 대문에 들러붙지 못하고 에둘러 있다.

96

간장에전놈이다 초장우습다
사팔뜨기외눈깔 이리깔았다
고루캔고들빼기 벼랑에넣고
혀짤배기소리로 쓰디쓴장맛

살자고하면죽고 죽으면산다
경기이리어려워 내울지말고
하는일다시보자 자세히보자
이미갈때까지간 막장여있다

자투리

서유견문西遊見聞을 쓴 유길준은 이렇게 말했다. '정신이 피곤하고 기력이 나태해졌을 때, 공원에 들어가 한가한 걸음걸이로 소요하고, 꽃향기를 맡으며 아름답고 고운 경치를 감상하면, 가슴이 맑아지고 심신이 상쾌하여 고달픈 모습이 스스로 사라질 것이다.'라고 했다.

군데군데 공원은 있어도 나가지 못한 세상이 되었다. 역병이 돌고, 그 역병에 옮을까 사람들은 스스로 칩거했다. 한 때, 인스턴트식품이 그렇게 잘 나갔다. 오죽하면 보험회사 판촉으로 나가는 택배 물품도 컵라면은 필수였다. 어려울수록 정신 똑바로 차려야겠다.

장군 이순신의 말을 다시 되뇐다. 필생즉사 필사즉생必生卽死 必死卽生

97

총명이둔필보다 나을수없다
얼떨떨한문서가 백배낫다는
꿀벌의날개보다 빠른기억들
놓치지말고적자 바른처세다

천재의머리보다 몽당연필이
좋은무기는없다 꾹잡고쓰자
동이트면쓰는일 애써이루자
머리를믿지말고 손을믿어라

자투리

전남 강진에 있는 다산 기념관 비석에 쓴 글이다. '동트기 전에 일어나라. 기록하기를 좋아해라. 쉬지 말고 기록하라. 생각이 떠오르면 수시로 기록해라. 머리를 믿지 말고 손을 믿어라.'

북한 속담이다. 똑똑한 머리보다 얼떨떨한 문서가 낫다고 했다.

독일 속담이다. '천재의 머리보다 한 자루의 몽당연필이 낫다.'

나는 뭐라고 쓰지.

꿀벌의 날개보다 빠른 기억들 놓치지 말고 적자. 꿀 같은 메모, 나중 흰 가래떡 찍어 먹을 날도 있다.

98

탁구공처럼돈다 누가쳤을까
하얀공하나튄다 잡을수없다
깨어나보면있다 어둔세상에
유난히밝은흰공 탁구공하나

시계추처럼돈다 때되면뜨는
흰공하나가튄다 초승달처럼
콧등에앉았다가 다시또튄다
여러개가숲속에 있다탁구공

자투리

우체통을 만들었다. 무엇도 넣을 수 없는 우체통이었다. 하지만 누구나 꺼내 읽을 수 있는 편지를 담았다. 삶은 슬펐고 우울했다. 고단했다. 누구에게 말할 수 없는 그런 슬픔을 비워버리고 싶었다. 우체통을 열지 않아도 괜찮다.

우리는 이미 담고 버렸으니까.

99

빙산에백곰있다 둥둥떠있다
모른다모른다고 백곰은몰라
그렇게둥떠있다 백곰은간다
다른백곰이온다 거저떠있다

빙산은떠다닌다 가판대처럼
빙산은떠다닌다 붙박이처럼
이미죽은저빙산 열십자에도
둥둥떠있는빙산 제국에핀꽃

자투리

빙산 같았다. 빙산처럼 떠다니는 혼이었다. 또 어디론가 흘러가겠지. 언젠가 녹고, 바다에 표류하다가 구름이 되겠지. 언젠가 다시 또 만나겠지.

백곰 한 마리 머물다 간다.

제3장

일기 日記

1

코로나환자한명 청도서죽다
하루새감염환자 대폭늘어서
온국가온동네가 마스크꼈네
어디든가보아도 마스크꼈네

자투리

청도에서 신종 코로나 확진자로 보이는 환자가 첫 사망한 사례가 나왔다. 지역사회에 크나큰 충격을 안겨주었다. 더군다나 감염경로를 모르니 그 공포감은 이루 말할 수 없을 것이다. 카페도 텅텅 빈자리가 많고 저녁에는 너무 한산한 분위기와 적막감에 심리적 불안까지 더했다.

전염병의 창궐은 인류가 여태껏 생존해 오면서 언제든 있었다. 그 역사에 대한 기록은 쉽게 찾아볼 수 있다. 가까운 것은 1968년 홍콩 독감과 2009년 신종 플루 두 차례가 그렇고 좀 더 오르면 1918년 스페인 독감이 그랬다. 오래된 것이지만 1347년은 페스트로 유럽 인구 2500만 명의 목숨을 앗아갔다고 한다. 초기 치사율이 거의 100%에 가까웠다.

좀비 영화를 너무 많이 보아서 그런지는 모르겠다. 거리에 사람이 없다. 어디든 다녀도 마스크를 안 낀 사람이 없고 서로서로 주고받는 문자도 코로나에 대한 우려의 경각심을 드러내기 일쑤다.

카페 조감도도 2월 행사, 음악회는 연기할 수밖에 없었다. 통기타 '투카포' 주력 맴버이신 임 선생께 문자를 보냈다. '아무래도 행사는 미루거나 취소해야 될 듯싶어요. 일단 이 달 건너고요. 제가 상황을 봐서 다시 연락하겠습니다. 카페는 어제부터 손님 발길이 뚝 끊긴 상황이라 영업도 어찌해야 할지 고민입니다.' 답이 왔다. '네 아무쪼록 어려운 이 시기를 잘 이겨내시기라 믿습니다. 건강히 잘 보내시고 후일에 연락 주세요. 감사합니다.'

2

일은물흐르듯이 해야좋다네
억지로하는일은 몸만상하지
자연스럽게하세 놀면서말야
해도그만안해도 별일없는일

자투리

하루는 보험 영업차 모 거래처에 다녀왔다. 아는 사람 있으면 소개 좀 부탁했다. 주인장께서는 친구는 딱 다섯 명밖에 없고 모두 보험을 넣기에는 경제적 형편이 맞지 않아 소개해 드리기가 어렵다는 얘기였다.

한 사람이 제대로 사귈 수 있는 친구의 수는 최대 150명이라고 한다. '발칙한 진화론'을 쓴 던바에 의하면 디지털 시대의 인맥이 아무리 넓어도 진짜 친구 수는 더 이상 늘지 않는다. 이것이 '던바의 법칙'이다.

그러니까 150명이 최적의 수다. 던바는 아프리카 야생 원숭이의 집단생활을 관찰한 결과 영장류의 대뇌 신피질 크기를 고려할 때 친밀 관계를 맺는 대상이 150명을 넘지 않는다는 결론을 내렸다.

던바의 법칙은 3배수 법칙으로도 불린다. 가장 절친한 친구는 5명, 절친한 친구는 15명, 친구는 45명, 아는 사람은 150여 명, 아리송하지만 안면이 바치는 이는 1,500명, 면면이 있는 사람은 5,000명으로 행정단위 면 단위가 그렇다.

그러고 보니까 영업을 잘하려면 아는 사람이 꽤 있어야 하지만, 던바의 법칙을 보면 절친한 친구, 아니면 절친한 친구를 만드는 일부터 해야 할 것 같은 느낌이다. 굳이 많은 사람을 대하며 일을 어렵게 하는 이 쉬엄쉬엄 편히 아는 사람과 차 한 잔 마시며 보내는 것이 오히려 더 좋겠다는 느낌이다.

3

군중심리있을까 걱정된다네
좌우분간이점점 뚜렷한세상
하소연과찬양이 엇갈린세상
발없는말어느새 공중파타네

민심경제가점점 극에치달아
오죽하면거지에 죽겠다할까
대깨문신상털기 무차별공격
코로나에힘들고 정치에우네

자투리

코로나 환자 세 번째 사망자가 나왔다. 이번에는 경주다. 40세 남성인 것으로 보도되었는데 코로나가 원인인지는 확실치 않다. 사후 조사하니 코로나 인자가 있었다는 것이다. 세상은 점점 격리되어 간다.

청도는 이미 자영업자에게 통보했다. 한 며칠 영업정지를 내렸던 모양이다. 우리 직원 박 씨의 아버님이 청도에서 식당을 운영하시는데 장사 밑천으로 고기(약 10㎏)를 꽤 많이 샀지만, 써보지도 못하고 가게 문을 잠정 닫게 되었다. 박 씨는 그 고기 반을 가져왔다고 한다.

인근에 카페도 한두 군데씩 닫은 것도 소식이 들어왔다. 여 위 모 카페는 한 주일 정도 쉰다며 점장께서 직접 문자가 왔고 대학가 앞 모 카페는 이미 닫았으며 가맹점도 한 군데는 문을 닫은 상태였다. 이런 와중에 정치권과 매스컴은 색깔논쟁만 더해서 보기에 민망하기 짝이 없다.

4

코로나소식뒤에 죽은사람들
하나둘가고난뒤 긴장만돌아
보균자든아니든 사람은없어
가게열어도연것 갖지않았네

자투리

심각한 상황이다. 커피 영업 20여 년을 했지만, 이렇게 심각한 것은 처음 있는 일이다. 가게 문을 닫아야 할 지경이다. 사실, 주위 커피 가게는 이미 문 닫은 곳도 많았다. 사업주 홀로 영업하는 집은 그리 쉽게 닫을 수 있는 상황일 수도 있지만, 종업원이 네다섯인 여기는 그렇지가 못하다. 문 열어도 손님은 없기에 한 며칠 출근일수를 줄여가며 영업을 했다.

5

아직가야할길이 멀어웁니다
걷는길마다지쳐 헐떡입니다
까맣게다진이돌 끌어줍니다
끊을듯한숨결을 이어줍니다

예서바빠도다시 열어봅니다
자다일어나면은 동이뜬세상
풀어헤친이길이 안내합니다
꾹꾹밟고가라고 길밝힙니다

자투리

주위 문학하는 친구가 있다. 작소님은 전문 서적 한 권 써보지 않겠느냐며 묻는다. 책을 좋아하고 책을 쓰니까 하는 얘기였다. 나는 가당치도 않은 말씀이라고 딱 잘라 말했다. 전문 서적은 대학 교수나 쓰는 책이다. 여태껏 먹고사는 문제, 그 고민을 적고 앞으로 어떻게 살 수 있을까 하는 생각으로 글을 쓴다. 그러면 마음이 놓인다. 그러니까 글에 두서가 없고 잡다하다. 그러니 시는 절대적으로 개인적이다. 여전히 생업이 어렵고 사는 것이 여유가 없다. 거저 내가 쓴 글, 가끔이나 읽으면서 앞으로 일을 다지는 것이 우선이다.

6

자라가웬말이냐 솥뚜껑이야
기침만조금해도 코로나십구
감염자가대구에 너무많아서
타지방사람들은 눈살만짙다

자투리

코로나 환자 확진자가 서울 그 외, 지방에서 나왔을 때 일이다. 이상하게도 대구·경북 지방에서는 한 명도 나오지 않았을 때, 지점장께서는 우리 지방은 코로나 청정 지역이라고 자신 있게 말씀하셨다. 웬걸, 며칠 지나자마자 모 종교인으로 시작한 코로나 환자는 청도까지 퍼지게 되었으며 하루 새 사망자까지 그리고 이틀, 그다음 날 잇다가 급속도로 퍼지는 확진자 수에 놀라움을 금치 못했다. 사망자 또한 자고 일어나면 더 불었다.

우리 직원의 말이다. 고향이 남쪽이라서 주말이면 부산에 부모님 뵈러 한 번씩 간다고 한다. 아버지께 문자를 드렸다. '아버지 이번 주 한 번 내려갔게요.', 아버지는 문자를 보시자마자 바로 전화를 주셨다. '야야 마 그 있거라, 여기는 모두 안전하니까 너나 건강관리하고 여긴 신경 안 쓰도 되니 오지 마라.' 하루는 음식점에서 밥을 먹고 있는데 코가 간지러워서 재채기를 했더니, 주위 사람이 모두 쳐다보는 것 아닌가! 밥을 먹으면서도 마스크를 껴야 하는 건지 해서 많이 망설였다.

7

환기구떨고있다 시체의오열
문간엔새세마리 하늘만본다
디민머리털하나 풀뜯고있고
내린눈만며칠째 흩어져있다

자투리

인간의 역사는 곧 화장실의 역사라는 빅토르 위고의 말은 유명하다. 잘 먹고 잘 자고 잘 싸면 이것만큼 건강을 재보는 것도 없을 것이다. 어쩌면 당연한 일이지만, 나이가 들면 당연한 것이 당연한 것 같지가 않고 어떤 때는 꽤 괴로운 고통을 수반하기까지 한다.

화장실의 역사는 거의 5,000년에 이른다. 사람이 모여 살다 보니, 공중도덕도 함께 발전해 왔다. 흰 변기는 누가 만들었을까? 영국의 존 해밀턴(1561~1612)이라는 사람이 고안했다고 한다. 가정용 수세식이었다. 그 전에는 오물을 창밖으로 내던졌다고 한다. 숙녀들은 치마에 오물이 묻을까 해서 하이힐을 신었다.

환기구처럼 빙빙 도는 생각들, 거름종이처럼 말끔히 거른 후, 한 잔의 커피처럼 마셔야겠다. 문간엔 앉은 새 세 마리는 여전히 하늘만 본다. 텅텅 빈 종이엔 아무것도 없다. 코로나로 온 조선이 발칵 뒤집어졌기에 피난 아닌 피난인 셈이다.

8

꽃다발바이러스 코로나십구
때아닌철퇴맞은 서민의일상
신천지따로없네 재난의온상
세계가눈여겨본 대구꽃다발

자투리

20년 새해는 바이러스와의 전쟁으로 시작되었다. 이 신종 바이러스는 세계 보건기구(WHO)에서 코로나 바이러스병 약칭 COVID-19로 명명했다. 라틴어로 코로나는 꽃다발(花環), 바이러스는 독(毒)을 뜻한다. 그 모양이 둥글고 왕관처럼 생겼다고 해서 이름 붙였다.

처음에는 중국 우한(武漢)에서 발생하여 전 세계로 점차 퍼졌는데 이웃인 우리나라도 적지 않은 피해를 낳았다. 사실, 작년 12월 말이었다. 중국 우한 지역의 몇몇 의사가 전염병의 위험성을 알리려 했지만, 당국에 의해 저지되는 바람에 피해가 더욱 커진 셈이다.

우리는 이웃인 중국의 눈치를 살피느라 초기 대응이 미흡하여 국내 발병률이 한동안 적었다가 점차 걷잡을 수 없이 커지고 말았다. 특히 특정 종교인(신천지)에 의한 바이러스 확산은 사회 각계각층까지 불신을 낳는 계기가 되었으며 국민소득 3천 불이 무색할 정도로 저 신뢰 국가의 양상을 보였다.

문제는 자영업자다. 사망자가 꽤 발생한 청도는 관계당국에서 한동안 문을 닫게 했고 인근인 경산은 요식업 계통은 거의 자발적으로 문을 닫았다. 문 닫지 않은 곳은 단축근무를 하였지만, 사실 문 닫는 것이 오히려 더 낳았다. 카페 조감도 또한 문을 닫고 싶었지만, 상황을 예의주시하게 보아야 할 처지라 단축 업무로 운영했다. 창업자와 특별 고객을 위해 열 수밖에 없었다.

9

겨울엔모기없네 뜬금없는말
기생충에웃다가 파티열다가
확진자육백여명 사망자다섯
문은열면서잡은 모기는없고

자투리

전염병 코로나 기승에 시민들은 중국인의 유입을 막지 않는 한 '문 열어두고 모기 잡는 격'이라고 했다. 이에 복지부 장관은 '겨울이라 모기 없다'는 이해할 수 없는 말을 했다. 이날 청와대는 '기생충' 관계자들과 짜파구리 파티를 열고 파안대소했다. 확진자가 600여 명이 넘고 다섯 번째 사망자가 나오고서야 사태의 심각성을 알고서는 감염증 위기 경보를 최고 단계로 끌어올렸다. 그러나 중국인 입국을 차단하겠다는 발표는 여전히 없었다.

며칠 후, 국내 확진자가 너무 많아 오히려 외국에서는 한국인의 입국을 불허한다는 국가가 점점 많아졌고 중국 일부 도시에서는 한국발 입국자를 강제 격리하기까지 했다.

10

맺은잎없어뿌리 흔들린다네
가지가메마르고 줄기까지도
한나무가온전히 서기까지는
무성한잎이나서 하늘받드세

자투리

한 국가를 이루는 구성요소는 국민과 영토, 그리고 주권이다. 한 국가를 이루는 가장 기본적인 요소인 국민의 수가 줄고 있다. 우리 정부는 몇 년째 저 출산을 막기 위해 막대한 자금을 쏟아부었다. 그 금액이 185조에 이른다고 한다. 출산율은 2년째 '0명 대' OECD 국가 중 유일하게 1명을 밑돈다.

우리나라 출생아 수가 바닥을 걷는 건 아이를 낳을 수 있는 인구가 줄고 있다는 탓도 있다. 결혼 연령은 다소 높고 출산 연령의 여성은 감소했다. 결혼을 하고 싶어도 사회적 분위기는 그렇지가 않다 보니 자꾸 미루는 경향이다. 작년 평균 출산 연령이 33세라고 한다.

386세대라고 일컫던 시대가 언제였지. 지금은 586세대라고 하니까, 50대 연령 중 71년생이 가장 많은 연령대다. 이제 10년이다. 노인으로 가는 것도 불과 몇 년 남지 않았다.

11

옹기찜닭한마리 놓고먹었다
횃대에오른수탉 닭울음소리
휴지에올려놓은 다훑지못한
흰뼈와부스러기 빻은고칫대

자투리

나라꼴이 말이 아니다. 코로나-19로 하루에 증가한 확진자 수 공개와 이동경로를 실시간으로 오르고 있다. 상가는 문 닫은 지 오래고 다니는 사람도 거의 없다. 시민 대부분은 집에서 칩거하며 사태를 예의 주시하고 있다. 거기다가 보지도 말고 듣지도 말아야 할 유튜브 소식은 좌우대립 갈등에 헐뜯는 소식들, 속 시끄럽다.

바이러스에 대한 경각심이 떨어져서 그런지는 모를 일이다. 평상시 일찍 자고 일찍 일어나는 아니, 규칙적인 생활 습관이 중요하지 않을까, 게으른 사람이 감기에 먼저 걸리기 싶다. 인류 역사상 언제나 바이러스와의 전쟁은 늘 있었다. 평생 감기 한 번 걸리지 않은 사람이 있을까! 평상시 면역력을 높일 수 있는 식단도 신경 써야겠고 운동도 꾸준히 하는 것도 중요하겠다.

오늘은 일도 없었어, 출판사에 가 대표님과 함께 찜닭 한 마리 먹었다. 온 세상 온 동네가 텅텅 비었다. 모두 피난 간 모양이다.

12
뽀글뽀글끓이는 김치찌개에
튀어오른비말과 공명이십년
붓지않은간덩이 키운그릇에
또한이십년훌쩍 물린재갈에

자투리

보험 영업하다가 만났다. 한 십 년 후배다. 이제 40대 초반, 그는 나이에 비해서 아주 큰돈을 벌었다. 남들 대학 다닐 때, 일부터 배웠다. 대기업에 있어보기도 했고 선배의 일을 도우다가 장사에 뛰어들었다. 또 한 선배의 권유로 어느 가게 하나를 인수해서 운영해보기도 하고 또 쉽게 다른 분께 넘겼다. 그리고 가맹점이라면 가리지 않고 했다. 종목에 관계없이 일을 하니까, 정말 큰돈을 벌었다. 몇 십 억이나 되는 땅도 쉽게 샀다. 그리고 아닌 때에 친구의 어깨를 덜겠다고 아주 짧은 시기를 감옥에서 보내기도 했다. 이제는 돈이 목적이 아니라 정말이지 젊은 사람과 함께 이루는 가족을 만들고 싶다. 그가 운영하는 식당만 10여 개다.

사회를 살아가자면 대범해야 된다는 것을 김치찌개 한 그릇에 또 배웠다. 간덩이가 부어야 한다. 소심한 성격은 빨리 버려야 무언가 할 수 있겠다. 젊은 분이었지만, 소주 한 잔에 참 많은 것을 배웠다.

13

도원을생각다가 벚꽃은피고
핀꽃잎하나물고 줄곧읽었다
이음매펼쳤다가 고문을걸고
금시꽃잎한장에 줄곧걸었다

자투리

영업만큼 하얗게 걷는 것도 없을 것이다. 건수가 많으면 행복한 일이지만, 아무것도 없는 상황에 무엇을 한다는 것은 막연하기 때문이다. 쉬엄쉬엄 걷는다는 게 어쩌면 부끄러운 일일 수도 있고 상대에 폐가 되는 건 아닌지 하며 생각할 때도 있다. 그렇다고 책상에 앉아 고민 고민 생각하다가 영업에 관한 이론적 기술만 늘여놓는 것도 크게 도움이 되지는 않겠지만, 무언가 궁리하는 것까지는 좋은 일일 수도 있다.

그나저나, 무엇보다 중요한 것은 바깥에 나가야 한다. 누군가를 만나야 하고 밥을 먹고 정보를 전달하는 일은 있어야 한다. 무엇을 당긴다는 목적의식을 갖는 것보다는 오늘도 누군가는 만났다는 데에 크게 만족해야 한다. 영업은 무엇을 꾀하는 일임으로 우선 우리 쪽 사람으로 발을 들여놓는 것이 우선이다. 우리라는 개념을 다시 한 번 생각하면서 말이다.

14
소득주도성장에 무너진개미
감염주도방역에 확진자늘어
입국제한안해도 알아서못와
중국보다한국이 환자더많아

자투리

최초 코로나 발생 지역은 중국 우한이지만, 환자는 대구가 더 많다. 웃지 않을 수 없는 일이다. 바이러스에 대한 우려와 경각심만 가졌더라도 이렇게 까지는 전염이 되지는 않았을 것이다.

대구와 경산 및 경북 지역은 코로나-19로 어디든 갈 수 있는 곳이 못된다. 또 어디든 가더라도 남 눈치 보기 일쑤다. 이제는 금융권도 단축 근무에 들어갔다. 일반 상가는 어쩌면 이 기회가 도로 잘 되었는지 아예 문 닫고 쉰다. 어차피 가게 문 열어도 매출은 없기에 하는 말이다. 종업원 한두 명 있는 집은 오히려 인건비 걱정에 하루가 고민이었다. 이제는 인건비 걱정할 이유가 없게 된 셈이다.

그나저나 바이러스 감염속도는 예상한 바지만, 그 수치만 보더라도 얼마나 빠른지 알 수 있음이다. 1월 20일 첫 코로나 확진자가 나오고 37일 만에 1,000명 선을 넘더니 단 이틀 만에 2,300명을 돌파했다. 28일 하루 확진자가 571명이라고 한다.

1592년 4월 14일 왜병이 부산포에 상륙한 후, 임금 선조는 4월 30일에 도읍 한양을 버렸다. 1637년 1월 3일 청 태종 홍타이지의 선봉대가 압록강을 건넌 후, 1월 9일 임금 인조는 황급히 남한산성으로 들어갔다. 왜병의 조총과 호병의 말발굽 소리보다 더 빠른 게 민심이다.

신문과 유튜브, 어느 매체든 정부 책임론에 눈시울만 붉다. 상황이 어려울수록 마음부터 가다듬어야겠다. 그리고 손 씻자. 이 흰 마스크에 하루 묵은 바이러스를 걸러 내본다.

15

사망원인일위는 풍요한식탁
예전엔전염병이 두려웠다면
요즘너무잘먹어 일찍간다지
인생백세확꺾는 패스트푸드

자투리

꽁보리밥에 된장찌개만으로 지내던 시절이 있었다. 그렇게 먹어도 살이 잘 붙지 않았다. 오히려 너무 말라 건강에 이상이 있나 싶어 보건소에 한 번씩 다녀오기도 했던 그런 시절이 있었다. 요즘은 아예 쌀밥도 잘 먹지 않는다. 냉장고 문만 열면 인스턴트식품으로 가득하다. 둘째는 어릴 때 그렇게 만두를 좋아하더니 여전히 만두 없으면 밥을 잘 먹지 못하는 식습관을 가졌다. 결국, 다른 아이에 비해서 비대한 몸을 가졌다. 자기는 그게 모두 운동을 꽤 해서 근육이란다. 아이들이 클 때만 해도 함께 먹는 식문화가 자연스러웠지만, 한 가족 몇 명 있어도 각기 취향에 맞는 식습관으로 다시 돌아간 요즘이다.

자기 몸은 스스로 관찰해 본다. 무엇을 먹으면 소화가 잘 되고 무엇을 잘못 먹으면 하루가 꽤 힘들다. 모르겠다. 가볍게 먹는 국수가 밥맛이 없을 땐 제격이고 늘 먹어도 김치찌개나 된장찌개, 혹은 국 한 그릇이면 속 데우는 데는 그만한 것도 없다. 하루 세 끼 다 찾아 먹는 것보다는 그래도 한 끼는 가볍게 굶는 것도 오히려 눈은 더 맑다. 골고루 먹는 식습관을 가지자고 한다. 물론 소화력이 좋은 사람은 그렇게 먹을 수 있다. 내게 맞는 음식만으로 그것이 편식일지언정 더 편할 때도 있다.

패스트푸드는 심혈관 질환에 좋지 않다.

16

구역질이납니다 울렁입니다
없는파도에더욱 멀미합니다
헐헐지새운밤을 꿰어봅니다
텅텅쓸었습니다 밤새핀꽃을

자투리

코로나 사태는 아직 진정될 기미가 보이지 않았다. 아직도 거리는 한산하고 가게는 굳게 문 닫혀있었다. 지금처럼 서민 대출을 운운하지 않는 사람도 없었을 것이다. 모두 한 달 내 일을 하지 않아 당장에 세금과 각종 공과금 문제에 벌써 걱정인 사람이 한둘이 아니다. 어느 가게는 며칠 문 닫다가 도무지 걱정이 돼 다시 나와 문 열어 보지만, 상황은 마찬가지다. 손님 발길 끊긴 지 오래라 문을 여나 마나다.

오늘은 가게 세를 내야 하지만, 송금하지 못했다. 당장 오일 앞으로 다가온 직원 월급도 큰 문제 꺼리다. 한 달 커피 판 것이 없으니 무엇으로 월급을 지급해야 할지 걱정이다. 울대만 먹먹하다. 막막한 세상에 무엇을 어찌 해야 할지 답을 찾을 수 없다.

오후에 진량에 잠시 다녀왔다. 모 식당 주방장을 만났다. 며칠 전에 계약한 실손 보험에 관한 일 때문이었다. 첫 보험료 인출과 다음번 자동이체에 관한 정보를 말씀드렸다. 여기도 여전히 홀 손님은 받지 않고 있었다. 수북이 쌓은 상자가 있었고 테이블 위에 올려놓은 의자는 며칠 전에 본 것 그대로였다.

17

마트마다줄섰데 다그렇지뭐
가게는문닫았데 다그렇지뭐
얘또미사일쐈데 다그렇지뭐
마스크를보았다 마스크쓴채

자투리

가게 세를 맞춰야 하는데 2월은 도무지 맞출 수 없었다. 다른 집은 다 문 닫았는데 나중에 더 힘들 것 같아 코로나 사태를 지켜보면서 조심스럽게 영업을 했다. 보름을 일해도 가게 세가 나오지 않았다. 천상, 가게 보증금에서 제하는 수밖에 없는 일이라며 옆 상가 주인장은 언제 귀띔을 해주고 가신 일 있어, 언뜻 스쳐 지나갔다. 어쩔 수 없는 일 아닌가!

18

비행기하루세대 뜬다고했다
이제는아저씨티 물씬풍긴다
이제사십됐는데 이대로좋아
아예결혼생각은 절대로없다

자투리

오래간만에 후배 정석을 보았다. 몇 년 전이다. 커피를 배웠다. 그리고 내가 운영하는 본점과 조감도에서 일을 한 적 있다. 친구 가게 열어서 친구 일을 도우기도 했다. 1년 남짓 일한 것 같다. 얼마 전에는 대구공항에 취업했다. 비행기 이륙과 착륙 시 안내 역할을 도맡아 일한다. 그것도 밑에 기수가 인성이 부족해서 함께 일하는데 애를 먹는다고 했다. 한 달 전에는 이 일도 그만두려고 사직서까지 제출했다. 근데, 밑에 기수가 불성실한 업무로 나가게 돼 다시 일하게 됐다.

코로나 사태로 함께 일하는 동료도 일 그만두고 떠난 사람이 꽤 많은가 보다. 당장 받는 보수가 없으면 뭐라도 해서 돈 벌어야 할 사람들이다. 후배도 그렇지만, 막무가내 앉아 이 사태를 주시만 하는 내 처지도 말은 아니다.

19

보쌈집일꾼셋은 보쌈먹었다
닭집에는튀김닭 혼자먹었다
횟집은물고기만 바라보았다
길가세워둔차만 푹푹쉬었다

자투리

지난 토요일이다. 카드 20매면 수당이 배 차이가 난다. 그간 노력 끝에 19매까지 했다. 부랴부랴 한 장을 더 맞췄다. 젊은 사람이다. 텀블러와 머그잔을 선물했고 마스크를 선물했다. 신용 4등급, 총무는 직장과 부동산 유무 상관없이 등급 때문에 발급되지 않는다고 했다. 깜깜했다. 한 장을 어떻게 해서든 맞췄지만, 결국 목표치에는 이루지 못했다.

코로나는 시급을 받고 일하는 임시직에 큰 타격이다. 격일로 일하거나 단축근무다. 손님 발길도 뚝 끊겼어 사실 일도 없다. 우리만 그런 것도 아니었다. 온 나라가 파국으로 치달은 셈이다. 아무것도 없는 사람은 오히려 편할지는 모르겠지만, 한 달 급급 사는 사람은 울상이다.

20

까르떼룸따말로 엘빠노꾼따
몇옴큼의지문과 도려낸각질
엘빠노꾼따말로 까르떼룸따
닿지못한어둠에 흘리고만뼈

자투리

종일 신문을 보고 글을 썼다. 바깥은 나가지 않았는데 오후에 배 선생과 명인 김 선생께서 부르시기에 점심 한 끼 같이 먹었다. 조감도에서 커피 한 잔 마셨다.

오늘 경칩이라고 했다. 경칩驚蟄 한자 뜻대로 말하자면 숨어 있는 것들이 나오는 거라 놀랍다는 뜻이겠다. 개구리가 나오고 벌레가 겨울잠에서 나오는 따뜻한 봄날이다.

이런 경칩에 부고장을 받았다. 문협의 한 선생이었다. 향년 67세라 한다. 나는 모르는 분이었다.

21

밧줄을만들었다 일군가슴에
개나리마른꽃대 봄날은가고
밤새봄눈은가고 더어두웠다
영혼으로엮었던 돌의파문에

자투리

맑은 날씨였다. 도로에 차가 확연히 줄었다. 영대 앞 상가는 거의 문을 닫았다. 특히 커피 전문점이 문을 닫은 건 왜 그리 크게 보이는 건지, 아예 소통을 단절한다는 무언의 시위 같았다. 몇몇 사람 구경은 하였지만, 모두 마스크를 꼈고, 마스크 낀 사람은 마스크를 벗은 나를 이상하게 바라보며 지나갔다. 폐허라고 보고 싶지는 않았지만 폐허였다.

때때로 커피만 마셨는데 도대체 몇 잔을 마셨는지 모르겠다.

22

줄없는그네였다 바가지같다
다헌밑싣개위에 범죄의현장
밤새피었다가또 몰려온양떼
모래는흩뜨리고 가둔무리떼

자투리

기획사에 다녀왔다. 밤새 쓴 글을 링-제본했다. 기획사는 이런 와중에도 드문드문 손님이 있다. 누님은 혼자서 일을 참 잘하신다. 쌀집 아저씨가 다녀갔고, 대학원생 모 씨 다녀간 얘기도 해주었다. 오시는 손님마다 까만 봉지 한 봉지씩 가져오시는 분도 있었다. 바나나 거나 사과가 든 봉지였다. 나는 둥근 탁자에 앉아 누님이 주시는 과일을 하나씩 먹었다. 누나가 부러웠다. 누나는 혼자서 하루 매출 사오십은 충분히 해내었다. 명함이랑 현수막이랑 그리고 복사 관련 제품을 척척 해내었다. 명함은 얼마고 현수막은 얼마인데 얼마까지 남는다는 얘기까지 해 주셨다. 에휴, 직원 셋이 종일 판다고 파는 커피는 매출 20만 원이 넘지 않는다. 그래도 나는 문 열었다. 여기 기획사 앞 뒤 그리고 도보로 조금 걸으면 아주 큰 카페가 있는데 죄다 문 닫았다. 직업의 특성상 닫은 것도 있겠지만, 코로나는 문화를 확 바꾼 것 같다.

신문에서 읽은 내용이다. 코로나 사태는 세계 문화의 판도를 바꿀 것이라는 어느 교수의 말은 신빙성이 있었다. 대학도 없어지겠다는 어느 교수의 말도 있었는데 그게 좀 더 가까워진 거 아닌가 하는 생각도 들었다. 교회도 물론이거니와 모든 것이 이제는 유-튜브에 꽂아야 할 판이다. 음식은 배달, 교육과 제반 서비스는 모두 유-튜브다. 카페가 더욱 걱정이 된다. 어떤 모임을 만들어야 한다. 실버를 위한 춤 같은 것, 아니면 실버를 위한 강좌, 커피와 더불어 오는 삶 같은 것을 준비해야 할지도 모르겠다. 토요일마다 커피문화 강좌는 하고 있잖아! 근데, 에휴 생각만 이리저리 흘렀다.

제 4 장

파편들

옹이

임당에와머문지 벌써삼십년
벚꽃처럼세월은 지나갔어도
쓸데없는옹이만 남겨두었다
바람은지나가도 뽑을순없어

한오십년머물며 바라본인생
벚나무모양한곳 줄곧서있다
쪽빛등지기마저 있었으면은
크게부끄럽지도 않겠습니다

얼룩

한잔의소주깊지 않고맑구나
밑바닥도한모금 단박의세월
무슨욕심에그리 담으려했나
결국빈잔허하게 바라본얼굴

엉긴숲속잠결에 헤집은길에
다부질없는인생 또한잔치며
떳떳한삶이어디 있겠습니까
이슬같은술잔에 한때얼룩을

얼뜨기

세상참무섭구나 여기서당해
저기서도당하다 뺨까지맞아
뜯기고이리뜯겨 탁탁털려서
아무리숫자라고 마음비워도

무겁기그지없네 세상돈놀이
쉽게볼일아니야 땀흘려일해
뼈저리게모아서 훌던졌으니
언제이많은돈을 다시얻으랴

동인모임

오늘은동인모임 가지못했다
먼먼서울길이라 그냥보았다
길도길이겠지만 살아온길도
낯부끄러워못내 가기싫었다

평생벌어도못벌 그많은돈을
일순간날린것도 내복이겠다
미련두지말자고 굳게다지다
그래좋은배움은 따로없겠다

무상

커피만하지무얼 더바란다고
외딴길들어서서 헤매다왔노
산천만보다오면 그늘은없지
세상인연다끊고 카페에앉아

오는손가시는길 살펴보다가
때론커피도한잔 마셔가면서
있지있지마있지 빈잔만들고
앉아있으니낯만 붉어지더라

망치

망치로피어놓고 두드려펴면
낮이붉지나않아 떳떳하겠니
하루가뜻이있어 단단하겠니
때아닌사치같은 허송세월에

납작하게엎드려 하늘보면은
그대낯부끄러워 숨지나않지
나지막하게얼굴 드러나보지
그대숨아직붙어 하늘보면은

미련

기다려도안오네 오지않았네
아무것도아닌걸 속앓이했네
아무리잊으려도 잊을수없어
꼭꼭묶어놓았던 피같은영혼

기다리지말것을 가고없었네
지푸라기강물에 떠내려가듯
아무것도아니라 속앓이했네
툭툭뱉은한숨에 하늘보면서

더없이 좋아

가끔가끔오시는 동네형님은
어떻게사느냐고 묻고가지요
사는게별게있나 찾아먹는일
잘뱉어놓고보면 별수없수다

하는일줄줄가고 엮은하루가
저멀리타향에도 읽고온다면
사는일함께누려 더없이좋아
사는일함께해서 더없이좋아

병자

병자모두병원에 머물러있소
젊은이보다노인 가득히있소
죽지못해찾는길 이곳병원에
병자만병자일까 누워만있소

누가볼까두렵소 커튼도치고
문도닫아시원히 용변보시는
눅눅흔적과냄새 확실히보는
하얀기저귀처럼 남겼지워요

김밥

동개동개김밥은 끊은단어다
한단어씩먹으면 속꽉꽉찬다
입다물고눈뜨면 하늘이맑다
나싣고가는열차 곳곳흐른다

술렁술렁눈빛은 눈썹도없다
가릴것없이척척 뜬눈씹는길
햇볕한줄기누가 불러새울까
으깨진달하나가 온종일간다

습濕

제동없는자동차 탈수있을까
인생도어찌될지 오롯이몰라
장래가든든하면 마음도편해
마음편하면정말 병도안오지

길위자동차처럼 갈수있다면
젖은잎사귀처럼 붙어있다면
슬픔의껍데기로 배워간다면
한올엮어또한올 이어간다면

부父

순환기질환으로 수술하셨다
일차뇌농양수술 이주휴양뒤
동맥류기형두곳 찾아기웠다
사일동안꿈결에 지낸아버지

육인실일반병동 이사가셨다
링거오줌보달고 누워계셨던
바람구름비보고 오늘은흐림
한며칠더요양후 햇볕맑겠다

재再

불혹의끝자락에 다시다진다
생소한일손잡고 일어해보자
쌓고하나더쌓아 가다일구면
명인따로있을까 꾹꾹밟으면

그간쪘다면아예 깎아내리자
봄날은갔지마는 봄은또온다
쓸쓸한가을겨울 애쓰며보자
전에없는햇볕에 꽃이필게다

삼성생명

우리나라제일의 보험회사는
시가총액삼백조 으뜸이지요
노후설계길다고 볼수없는건
십년도하루처럼 금방이지요

지천명나이많다 보지말자요
새로운세계두루 펼쳐보면은
삶의의욕과목적 고루갖지요
하루를십년같이 엮어가면은

무無

한생애를깁다가 곪은머리를
아직도못다깁다 끝내수술을
선명한자국위에 어린눈빛을
깁고기워한평생 뚝뚝눈물을

오늘은비가오고 까마귀운다
너무나요란해서 뒤돌아보고
역시나젖은공명 하마다를까
여기저기울고간 새들만난다

설雪

믿은사람도다시 보는보험일
얼마나많은사람 지나갔던가
지나간발자국에 또하나섰다
안열리는마음에 울대만깊다

친지일가친척도 벽만드는일
한사람건너일단 해보았다는
눈처럼녹았다가 눈처럼왔다
솔처럼눈은오고 허공만깁다

노老

병원에둘러보면 노인뿐이라
실감나는현실은 고령화사회
노인이보살피며 간병보는이
어느뉘아들이고 애비였던가

자식도알지못해 기력도없어
종일누워계시다 말씀도없어
신체는다했지만 정신은맑아
온종일무슨생각 그리합니까

구口

닥치면일을하자 걱정한다고
되는것도아니다 오늘은쉬고
쉬다보면좋은일 또생기겠지

힘겹게하지말자 흐르는대로
그냥맡기자굳이 애쓰지말자
멀리보며있어도 또흐뭇하지

달도차며기울고 채우며한달
좋은날슬픈날도 때때로있어
흰총구에시원히 앉았다가자

개開

카페천태만상에 또카페상담
오늘하루만두곳 저울질한다
하고싶으면한다 굳이묻기야
아직도개업발이 길기만하다

마음은이미카페 물어서뭐해
또안하면뭐하나 시간만가는
한번가는마당에 소중한경험
가끔없어가끔은 카페했다고

아我

희망은위험하다 그런희망을
절망감에붙잡혀 그런절망을
더는이름이뭔지 영영잊은채
하지만앞을보고 나아가야해

일말의가능성은 진심을다해
어제보다는오늘 오늘보다는
더나은내일진정 내일을위해
깎자깎아내리자 원통을깎자

백百

보험백세회사는 망할일없다
칠십오세연령이 가입제한선
턱걸이한다해도 죽을일없다
초고령화사회가 코앞에왔다

약과의료기술로 연명한노인
앞도뒤도몰라도 죽지를않아
정신도없이살아 의미없지만
그렇다고하루더 갈순없잖아

카페 조감도

멀리서보면등이 그리예뻤다
오르막길올라서 더욱가까이
선명한글자다섯 카페조감도
가을장마속등만 꽃무늬같다

여럿이지나가다 이룬하나를
까치발모둠발로 넘겨보다가
점멸등처럼흘끗 핀먹구름에
등에허물지고서 녹아들것다

시匙

접시는하나같이 꽉꽉찹디다
갖가지음식모양 흐뭇합디다
접시마다핀단어 집어보면은
입안곳곳행복이 배어옵디다

오늘은고기먹고 비운한접시
흰종이까마득히 모아이룬일
까마귀똥헤치듯 하루보면은
힘든여정손때때 채운한접시

요腰

지긋지긋한허리 통증왜오나
약물을삽입하고 핀박아넣고
한몇달괜찮다가 또찌릿요통
과중한몸무게가 원인이었다

살덩이가아니라 근육질이면
빈뼈도어느정도 잡아줄텐데
과식운동부족에 서지못했다
진작그렇게하지 너무늦었다

쌍雙

부부는사랑으로 만나살다가
의리로산다했다 끝에이르러
간병인이되다가 홀로남아서
그저세상살피다 고독사한다

사랑할때한번더 보험을보고
의리조금있을때 보험을보고
조금더늙기전에 보험을보고
끝에지켜주는이 보험뿐이다

두묘

설탕바른땅콩이 봉지에있다
단맛배인땅콩은 어디에있나
땅콩하나깨물며 봉지를본다
툭터진진흙탕에 땅콩을본다

하는일원망말며 젖어나보자
푹담근일상맥은 살아숨쉰다
전문가따로있나 그저담는일
함께젖는이찾고 찾아가는일

적滴

종일비가내렸다 죽죽뜰에도
던지고받고묵묵 댓돌아래서
흘러흘러갑니다 자명종처럼
어디에도없었던 빗방울처럼

가만히듣습니다 기척하듯이
똑똑떨어뜨리는 한길정전을
퍼뜩깨이었다가 다시누운잠
허리어깨다끊고 다떠나는밤

골汨

코다리가누웠다 바짝졸였다
젓가락오고가고 하얀살찜들
함께먹는코다리 살다내주고
허허웃는코다리 내안에넣고

다시채워야하는 달달비우는
바다는넓고더는 갈곳없지만
하얀등뼈남기다 가벼운물살
바람따라물따라 쉬는한마당

운運

벽에똥칠하다가 나를잊어도
백세는기본이다 겉은늙어도
안은늙은것이냐 아무도몰라
오로지운동밖에 젊음을골라

우리가백세가면 돈벌어야해
조금이라도젊고 서있을때에
악습을차버리고 하루만들자
하루쌓고쌓으면 인생참밝다

태呆

치매에좋은것은 운동뿐이다
식품으로호두는 뇌에좋단다
겉은늙어도속은 젊음을찾자
한평생온전하게 보내며가자

지천명바라보니 몸이보인다
무릎이이상하고 눈어두워라
가만히있다가는 멀어지겠지
하루운동밥먹듯 지켜해가자

은미隱微

이년이소주두병 가져오란다
투덜투덜거리며 가져간동생
오빠오늘이년과 끝장낼거여
보험얘기하지마 다시는안봐

낭창거리는은미 이년맏이다
그래도엄마생각 누가돌보나
딸자식셋합해서 보험들자고
엄마위해서보험 하나들자고

여의치못한딸들 엄마생각에
오가는발걸음에 어깨가운다
한해씩더해가는 세월에운다
가는길고개마루 쉬어가본다

간看

치매에약도없다 병원신세에
두달간간병보니 더는못본다
연민의정가득한 어머님말씀
집에가면상황은 더좋으련만

가물가물치매에 인상만깊다
자식하나둘오고 살펴보다가
하나같이바빠서 그냥갔었다
그래도남은이는 무촌아내뿐

장작불짚이는일 아버지의일
집일보시면어찌 좀나아질까
눈이싫다고해서 어찌막을까
빈가지앙상하게 겨울참깊다

로路

깨끗한종이한장 선한마음에
하루착실히적고 다시볼때에
못미쳐도그래도 내가겪은길
나중백지때보고 떠올릴이길

한바퀴동네돌고 땀흠뻑빼고
내동네막힘없이 차가돈다면
저녁놀보는것도 느긋하겠다
때되며보는노을 아름답겠다

로鹵

단상에마주앉아 저녁드셨다
배가고프셨는지 목도마르고
썩썩한그릇뚝딱 비벼드셨다
밑에도마른데도 축축젖었다

다젖은옷붙잡고 평상보신다
아무렇지않은길 아무렇지도
누구나걸어야할 축축이길은
누구나보살피며 갈수없는길

약속約束

종신보험이십년 계약하던날
이십년지켜야할 약속이었다
이제하룻길걷고 이십년본다
걸어야할시간이 참많아좋다

비碑

온몸건강할때는 그리멀었다
몸이편찮으시자 자주가뵌다
그간길멀어가지 아니갔는가
멀고가깝고오직 마음이었다

어디든바람쐬러 가기만가자
방구석틀어박혀 숨만막힌다
가을이지나가니 하늘만맑다
구름없이가는곳 어찌있을까

수穗

낙엽이떨어지다 하니까몰라
점차느는빈가지 비쩍마르다
겨울가고봄오면 싹이튼다면
새인생새로운맛 맞을수있나

누구든헛된인생 있을수있나
벼이삭굵게맺고 허물어질때
그래도씨앗맺고 돌아갈때에
왜그리서글픈지 눈물만나네

사事

보험료고액권에 금두돈이다
돈있는자돈벌고 시책도탄다
기본고객백명은 있어야겠다
쉽지만은않지만 반드시하자

기본만잘지키며 일해나가자
기본만잘하여도 기본받는다
관리더하면이미 고액연봉자
부담은덜어내고 가볍게걷자

달達

현실이어려워서 죽고싶다고
무거운삶을피해 잠만잔다면
세상조용하겠지 조용할거야
어떤의미도없이 우주속으로

둥근달총구같아 좁은곳앉아
바라보는저총구 나가고싶다
훨훨우주티끌로 떠돌고싶다
시간과공간없이 의미도없이

사史

어렵다고쓰는일 피하지말자
쓴다는건중복에 복습하는일
다음은실패없이 반듯한하루
생각과실천으로 하루여는길

그하루쓰다보면 치매도잊지
건강한뇌활동에 추함도없어
하루마감하는날 뿌듯합니다
뿌듯한그하루가 당신입니다

수修

어디에간다는일 가슴부푼일
살아서갈수있어 행복입니다
가만히앉아차마 못움직이면
하루철퇴에아니 깨치나이까

일있어사는거지 죽은일없다
하루밟고사니까 그하루있다
하루먹고살자고 하루더얹어
깊은밤잠안자고 헤적입니다

동動

역동적으로살자 힘있게가자
굴한마음던지고 자신감갖자
나는구름보면서 생각하면서
거친세상헤치며 우뚝서보자

바득바득이물고 다시조우고
새아침새가날듯 날아가보자
멀리멀리둥지로 박차날아가
새모습지존으로 가득서있자

애愛

우리모두를위해 사랑합니다
우리가족을위해 고맙습니다
수고하셨습니다 이룬업적에
잊지않겠습니다 키워주심에

어차피한번왔다 가는소풍길
아옹다옹본다고 나아지겠나
죽음앞에선단연 손놓고마는
정말중요한일은 사랑합시다

장障

종신보험은감옥 종신입니다
인생종칠때까지 그울림의끝
소리끝날때까지 감옥입니다
아아종신보험은 든든합니까

이것이있으니까 일을하지요
이것이있으니까 건강챙겨요
이것이있으니까 보람찬하루
이것이있으니까 든든한장래

뇌惱

손벌벌뜨는친구 뇌전증환자
보험들고싶어도 들지못하네
병에대한두려움 공포때문에
수급도젖혀두고 보험만믿네

손떨리는세상에 멀쩡한이도
뇌전증은별달리 따로없어라
하루먹고사는이 손트는세상
이래저래죽는건 매한가지네

독獨

엄마는이혼했어 아빠는몰라
우리는놀고있지 갇힌방안에
새엄마카페하지 손님은없어
혼자서무만쓸지 하늘만보며

아빠는비트코인 다말아먹지
오늘도외근이지 내일도몰라
바깥은비가오고 우리는놀지
텅텅빈가게에서 아래만보며

하늘 민들레

띄운솜사탕같은 어린구름에
마당한가득마구 품은상념에
새까만그림자에 하얀행복을
따뜻한차한잔에 그대마음에

몽글몽글날아라 바람타면서
바싹마른꽃대롱 떼어버리고
하얗게지운세월 끌어안으며
민들레흰저고리 고이묻을래

기器

무겁고힘든멍에 이제야놓나
나이들고일은더 쌓여만가고
하루가먼천릿길 떼는이걸음
어찌걷나어떻게 걸을수있나

벗자벗어던지고 홀연히가자
겨묻다똥이묻다 알맹이없는
실속은어데두고 방앗간보나
모두벗어버리고 알짜만찾자

암癌

참놀라운일이다 벌써갔다니
무심코지나가다 들린그언니
유방암진단받은 엊그제일이
이제는영영갔다 남일아니다

점점더가까워진 죽음의세계
아등바등살다가 갈필요없다
편하게생각하자 이을세계는
몇장남지않았다 채울시간들

등급을 내라

어쨌든등급내라 등급을내라
너들에미득보지 사주를봐라
매들어가는비용 줄여야한다
어찌물쓰듯쓰랴 등급을내라

집마저어찌팔랴 뭐가좋겠노
다너들덕아이가 등급을내라
요양원에다주면 인지우야노
얼른등급을내라 등급을내라

모母

아버지요양원에 모셔놓고서
어머니는외로워 밤새우셨다
이제정떼어놓자 가고없는길
영영떼어놓자고 그리우셨다

끝내같이못산다 산다하고서
그래도산정어찌 떼어둘까만
밤새지린얼룩과 그린바닥을
툴툴벗어버리자 그리우셨다

모母 2

혼자서지내신다 이너른집에
아버지보내놓고 적적혼자서
노쇠한몸누이고 빈기둥발에
천정있어도없는 깜깜한밤에

고독과지친삶에 혼자우신다
앞캄캄해서더욱 더두려운길
아직붙잡고싶은 저끝에서서
다씻지못한설움 미련때문에

태음인

평생운동을해야 살수있다는
지식정보경험을 예술로승화
탐험가보다탐구 나는태음인
조리있는말보다 이끈깨달음

간강하고폐약한 나는태음인
감성적이며착한 남을배려한
낮보다밤이좋은 아그러니까
꼭꼭하루깨달음 쓰는이시는

정正

술너무위험해요 노인스턴트
다만인생은길어 목표를세워
그목표백번은써 그러면성공
먼길함께하면은 외롭지않아

한세대좋은친구 참말로많아
주위그런사람이 많으면좋아
엮어엮어나가면 나도모르게
반듯한매무새는 그저이루네

커피

어디순하게내린 커피있으면
얼른찾아가금시 마시고싶다
새벽출근길속속 긁는긴장감
납덩이처럼굳은 몸녹고싶다

빈속꽉꽉흐르는 뜨거운커피
어두웠던공간은 이내불켠다.
가로수지나가는 씽씽꽃잎들
하얀눈처럼녹는 붉은가시들

강물

세상엔돈이많아 큰강물같아
좋은배하나띄워 떠있는거야
강가멈춘배보다 흘러가면은
세상온갖유람은 느끼며가지

삶은배만드는일 튼튼한배를
세상물살에이겨 떠있는일을
한평생균형잡고 가는운전병
세상풍파에몸소 느껴가는일

맹萌

채송화꽃을본다 허름한골목
고개만치켜들고 바라만본다
꽃은피다가진다 깜깜한거리
축축숲속에숨은 아이를본다

악몽처럼시간은 잠이들었다
깐호두를씹으며 내린겨울비
담장을걸어갔던 역사의맨발
우는아이만있고 쑥밭이었다

향香

골방에혼자앉아 듣는교향곡
귤껍질벗기면서 하나먹고서
음악처럼흘러간 하루를본다
되돌릴수없는일 그하루본다

부드럽고억세고 가슴졸였던
교향곡처럼콕콕 새김질한다
흰셔츠검정재킷 연주자처럼
그들이내뿜는향 깊게보면서

집集

막냇동생친구들 만나보았다
십년차거리지만 어찌똑같다
세상사겪는풍파 한해두해라
사시사철겪는길 달리있을까

이래저래간세월 또가는세월
그래도조금모아 가는놈이야
진짜승부지진짜 인생승부지
이래저래간세월 또오는세월

집緝

저축하자한사람 오늘한사람
그한사람인연은 어찌될거라
가만있지말거라 만나가거라
대화든식사하든 엮어나가라

하나놓고담아라 오늘담아라
언젠가펼쳐보면 생각나는이
길고긴모진세월 이리왔었다
이리보고또보고 삶의정수다

성誠

나이는들었어도 멋은있었다
옛날노래가그리 구수할줄을
고개절로돌리며 박수치면서
옛시간흐른만큼 감동이었다

한오십년사니까 때를알겠다
어찌살아야할지 그때말이다
이리바삐살아도 후회가된다
순간순간조금더 誠해야했다

충充

마케팅하자판매 정말아니다
어렵다해도내몸 이게시스템
혼자서열몫든든 나아가백몫
영업에전략전술 짜며행하자

뛰자고아니날자 세상은넓다
어려울수록기회 매우가깝다
뛰면서생각하고 다시또보고
행하고고쳐나가 꼭꼭이루자

도道

여기텅텅빈카페 저기도카페
남일도사사로이 보기힘드네
바에앉아한커피 마셔보지만
동력잃은한국가 보는것같네

가만히생각하니 이길아니다
길아닌길걷는다 걸어길놓다
힘들면걸어오고 그냥가면돼
한잔하고쉬다가 그냥하면돼

신의 한 수

세상은놀이터다 내가고수면
세상생지옥이다 내가하수면
이왕세상나온몸 고수가돼라
질질헤매다목줄 탁끊지말고

풍경風磬

나물고기되어서 깨어나있자
바람따라부딪고 소리내면서
온몸흔들고빙빙 돌고돌아도
바람에울어울어 똑바로보자

나물고기되어서 소리나잇자
이냥저냥오는손 만나보면서
카페줄굳게믿고 매달리면서
세상곳곳어딘들 닿지않으랴

마포麻布

인도에서건너온 한가닥장지
여러구름을묶은 한자락마포
담은꿈을펼쳐간 문살한옴큼
다시돌아온다면 희망한자루

형葵

성공한사람보라 다똑같더라
주체성잃지않고 일하다보면
전문성이없어도 사람모여서
한땀한땀갖추니 옷이되더라

이제는과열경쟁 복제성까지
숨콱콱막혀더는 살길없지만
장사는역시덕을 쌓고쌓는일
마음쓰는일까지 해야하더라

경과京果

땅콩껍질까면서 한알씩먹다
땅콩은어데가고 껍질만수북
모두뒤꼍의휴지 쓸모없는일
한때는꾹꾹다진 삶의두레박

그두레박들다가 물길틔우고
한모금마시다가 또씻어내고
어차피스치는몸 폭폭젖다가
세상물흐르듯이 그냥가는길

일기日記

고령고령에갔네 도자기보러
주인장과동생이 가게있었네
기계설치끝내고 인사나누고
참어려운길걷다 그래가야지

뭐든지해보는일 해서길찾네
하다보면좋은수 있지않겠어
마냥가만히두고 그냥본다면
이미난패배자지 그래패자지

하루는찰떡같이 애써보내자
그하루쌓아보면 경험의잣대
우둔하고돼먹지 못한사람도
쌓은하루깊다면 애전문가지

풍과이風過耳

언제나고객사랑 줄곧뿌려도
바닥이있을까만 도로채운다
그래너내없어도 우리는있지
함께만드는세상 문화여있지

내것강조한다면 나진짜없어
거저스치는세상 맛보며있지
쏙쏙드는물결에 잠시스치니
쏟는빛도느끼니 어둠도좋네

운雲

영상의날씨정월 구름없어라
비닐처럼옥죄는 구름없어라
빈잔텅텅울리는 구름없어라
이파리하나없는 구름은없어

넉넉

모집한체인이십 커피는충분
사실이십도많아 열이면넉넉
금융은오십이면 십년살아요
이제한열명모집 시작은넉넉

디딤돌잘다지면 돌은또있지
괴거를다져야해 내일이있지
어둡고불안할땐 지난날을봐
한땀씩엮은과거 풀어헤쳐봐

사事

칠순넘어도왕성 비결은활동
사회는돈보다도 교감의장소
생체리듬은역시 긴장과전율
죽고사는이일은 경계의꽃대

하나캐고뭐있나 없을것같아
참신기하지그게 싹이오르네
싹둑싹둑잘라도 민들레처럼
뿌리없는하늘에 디딤돌처럼

개척開拓

수십만아니수억 수조의개체
하나로묶은우리 살길은역시
곳곳미지의세계 유람하는것
미처닿지않은곳 이불모지에

한개씨앗을심고 발아한다면
새하늘에누비다 잠시휴식을
수십만아니수억 수조의개체
그하나까지진정 쉴수있는곳

염厭

사람싫다고그냥 스칠순없다
다시찾아가보고 말건네보고
솔직한얘기털어 마주대하면
그대또한새세상 마꿈일텐데

다만우리가꾹꾹 다져할일은
지금껏못한책임 다시한다는
마음가짐아닐까 늙어가는건
그몇년의세월을 버틴다는건

래來

공치는날도있다 허망한하루
탐탁지않은일로 시간끌기다
싫으면아니라고 얘기할것을
굳이당기는것은 미련인것을

텅비는날도있다 허무한하루
굳세지못한일로 기백비울까
상황은개선되고 나아가는것
끝까지투쟁하며 타오르는것

모母 3

가슴이답답해서 병원에갔다
심장에낀이물질 원인이었다
세상온통하얗고 갈길없지만
때낀마음씻을길 아예없었다

멍하니앉으시고 걱정하셨다
전답팔아야한다 앞만보셨다
먼일도아니다만 내가는길도
아짧고서글프고 곧닥칠생애

설

벌써설이라한다 무인도에도
이끌지못한불찰 누구탓할까
한수저뜨는것이 부끄러웠다
누울일은아직도 멀기만하고

망구忘懼

두려움껴안으면 진짜설렌다
두려움깨치려면 당장시작해
나는내생각보다 훨씬강하다
설렘은희망이고 삶의뿌리다

락樂

삶에서즐거움을 찾았느냐고
다른사람에게는 또한줬냐고
세상문을열때에 웃어보자고
그문을닫을때도 재차웃자고

내가원하는것은 무엇이냐고
먼저질문하면은 찾을수있지
가슴에우는심금 잘받아야지
드러내는이일도 성실해야지

언言

세월더하고말은 갈수록적고
경자야눈척보면 알아서척척
그런한해된다면 뭔걱정이랴
말은갈수록적고 수심은깊고

묘卯

검은토끼흰굴을 파내려간다
한생애를잇고자 그렇게간다
꼬물거리는것들 뭐알까마는
세상은흑백논리 생존뿐인가

검은털흰털모두 뽑아다놓고
하나씩까지러다 다독거리는
어찌숨소리하나 새나지않고
저리꼭꼭숨겼데 무덤하나가

제 5 장

개숫물

1

따지기가담궜다 흥건한지실
치뜰고있는나비 나엎어지다
노그라진낱뜨기 한껏내배다
넉장거리개똥밭 결국돌곪다

볼멘줄을역다가 된장부닐다
치국놓고발긴뼈 장식한돌채
돌날개처럼빼다 부둥한입술
기어코분쇄하다 동살새들다

개숫물

흥건한 봄기운에 젖어야 할 시기다. 코로나 사태로 대구시장은 정부에 대구경북을 특별재난 지역으로 선포해달라는 요청을 올렸다. 국무총리는 기꺼이 검토하겠다고 했다.

대구 중심가 ○병원에 다녀왔다. 환자가 총 21명이 있다고 한다. 병원은 폐쇄한 거나 마찬가지였다. 병원이 있어도 무용지물이다. 매점 점주께서는 큰일이라며 한 소리했다. 근래 개업한 자영업자는 정말 망한 거 아니냐며 덧붙이기도 했다.

이 정부가 들어서고 나서는 줄곧 적자 경영을 면치 못했는데 코로나 훅 하나 제대로 맞은 셈이다. 자영업자는 완전 나락에 떨어진 것이다. 절망감만 돈다.

2

기관은실족한다 신발던지며
계단을모르는자 계단을걷고
작은창매혹적인 세월은없고
던진신발에결코 상흔은없고

길에젖은발자국 죽걸어온다
비의꼬리를물고 금간기관에
내부는토하면서 지운역병에
실족한다리잡고 던진신발에

개숫물

오일삼성오신吾日三省吾身하노니 위인모이부충호爲人謀而不忠乎아. 논어에 나오는 말이다. 증자가 말했다. 나는 하루에 세 차례 반성한다. 남을 위하여 일을 꾀함에 있어 불충하지 않았는지.

많은 사람이 모여 사회를 이루었다. 나는 오늘 몇 사람을 만났으며 어떤 얘기를 했을까? 내가 한 말속에는 어떤 약속이 담겨 있었을까? 남이 모르는 나는 분명 그것을 지킬 것이라고 여길 것이다. 정말 지켜 나갈까!

3

역병에후려맞고 카페앉았소
어찌살아야하나 한달또한달
잔바닥보며이내 올려보았소
누구도묵묵부답 발길뚝끊소

괴질만나돌다가 칩거한동띠
봄날매화피다가 혼자저무니
버들강아지손짓 빨리오라고
뭐가또남았을까 그냥또있소

개숫물

조카를 보았다. 명호다. 이름처럼 밝은 아이다. 올해 스물 중반쯤 되었다. 지금 다니는 직장을 그만두게 되었다. 코로나 사태인지는 모르겠다. 근데, 또 새로운 직장을 바로 구했다. 나는 조카에게 크게 칭찬했다. 요즘 놀고 있는 젊은이들도 많은데 정말 장했다. 나는 명호에게 일은 가리지 말고 하라 했다. 어차피, 영업이다. 그 어떤 영업이든 나중은 모두 통한다. 가리지 말아야 한다.

명호는 소방 관련 업체와 카드회사 두 군데 면접을 보았다. 소방 관련 업체를 선택했다. 젊은 아이였지만, 정말 현명한 처사였다. 명호에게 로버트 차일디니의 설득의 심리학에 관해 몇 가지 얘기를 해주었다. 호감에 관한 얘기를 들려주었다.

매화가 참 곱게 피었다.

4

잘보이지않았다 일은밭뙈기
어뜩볼수없었다 옥지른차렵
맞갖잖은검버섯 웅지피다가
시겟돈얹어놓고 슬근거리다

숲정이바라보니 안경에수염
어지간히도뗏밥 똥기는뜯게
아무리겉날려도 쇰직한문신
어쩌다수리먹다 슬거니놓다

개숫물

캐리커처 잘하시는 서 선생을 만났다. 책을 내기 위해 앞표지 그림 한 장을 부탁했다. 서 선생은 예나 지금이나 크게 변한 건 없었지만, 오늘은 완전 무장했다. 굵직한 안경을 쓰고 마스크까지 두툼하게 꼈다. 예전 같으면 손 내밀고 악수를 했을 텐데, 서로 목례로 예를 갖췄다. 요즘은 김광석 거리에 나가지 않는다. 나가지 않은지 꽤 오래된 듯하다. 뭔가 준비를 했는데 그것마저 일의 차질이 생겼다. 코로나로 칩거 중이었다.

이것저것 서로가 힘든 세상에 놓인, 한 시대 사람이다.

어쩌다 다 상한 도토리 같다.

5

치자꽃만지다가 산지품앗다
뭉그러진구둣발 등불은보고
호락질번거하다 소쿠라지다
논귀에주저앉고 헛장홉뜨다

두건을쓰고간다 두멧길찢고
먼지는일으키고 두손은들고
두루치기뒤대다 둘치버리고
빨간운동화신고 가방은놓고

개숫물

처음에는 싫어하거나 무관심했지만 대상에 대한 반복 노출이 거듭될수록 호감도가 증가하는 현상을 에펠탑 효과라 한다. 계속 보면 정든다는 얘기다.

뒤돌아 본 일상이 너무 크다. 밉상이다. 수치가 에펠탑이다.

계속 볼 수 있는 시, 계속 보고 싶은 시 한 수 만드는 것이 일생일대의 작업이라면, 믿을까.

이런 일 없었으면 하루 어찌 살까!

에펠탑이 내려다본다.

6

땅에묻은통로를 뜬눈둥개다
데걱거린배춧잎 산에다걸고
걸대를움켜잡고 나가떨치다
빗맞은반지놓고 어둠을내고

빼드러진이빨에 바른연지다
마른모래바다에 달팽이가고
머리없는철탑들 흩뿌린종이
바다는멀고결국 뭉갠더기다

개숫물

폐광은 어떤 곳일까? 아예 닫아버린 광산, 한 때는 온갖 보물이 있었어, 광부들에게는 물질의 풍요와 행복을 안겨다 준 그 광산, 아예 닫았다면, 지금은 어떤 상태일까?

아직도 밤 잠 스치며 꾹 닫은 폐광을 캐는 것은 어쩌면 그 순간의 정신적 풍요와 행복을 추구하는 것은 아닐까?

마른 모래사장을 거닐며 가는 저 무거운 달팽이를 본다.

7

옹두리놓고보람 말했으니까
무릿매돌리다가 담았습니다
그래도잊지못한 봄은웁니다
모래톱거닐다가 바르집다가

아긋한숫구멍만 아로새기다
바리때비웁니다 일없습니까
푸른솔밭결국에 달창납니다
날때궂은아이가 묵새깁니다

개숫물

에드바르트 뭉크의 절규라면 시는 옹두리 놓고 보는 것이다. 무릿매를 들고 선 다윗처럼 그림자 하나 잡겠다고 모래톱을 거닌다.

저 수많은 언어의 첨상에서 절규처럼 뿜을 수 있는 힘은 무엇인가?

어떤 한 아이가 묵새긴다.

8

개숫물비우다가 깬손톱있다
고두리를다듬고 먹똥은뗀다
멱을찌르다결코 새나지않다
모도록난잡것을 죄다벗개다

조른다밤은뻑뻑 빠치며온다
봉한바지랑대가 박박이온다
수척한월광바투 이지러지다
기어코박쌈하나 짓궂게넣다

개숫물

하루는 통나무라고 생각했다. 하루를 어떤 도구를 갖고 빚으면 내 원하는 물품을 만들 수 있을까? 도끼로 찍고 칼로 빚는다. 목동 다비드에서 이상적인 인체 비율로 빚는 다비드 상으로,

그릇을 씻다가 손톱이 나가떨어진다.

기어코 박쌈 하나 짓궂게 넣고,

9

빨래를툭툭털다 밤길길차다
펄꾼삿갓의눈에 때를씻는다
귓것을떼어놓고 뗀흰비둘기
성밑길섶하나가 문득눈트다

입보인선거차마 지울수없어
볼끼만둘러매고 지른봉창질
그것도모자라서 부둥한알섬
신발을벗어놓고 툭툭뜬빨래

개숫물

밤은 낮의 이불이다. 겨울은 봄의 이불인 것처럼, 춘삼월이다. 툭툭 털고 일어나야 하지만, 역병으로 일어나기는커녕 더욱 폭 덮어야 했던 이불이었다.

춘수만사택春水滿四澤이라는 말이 있다. 도연명의 시에 나온다. 봄에는 사방의 연못에 물이 차고 넘친다는 표현이다. 사람도 마찬가지다. 몸에 물이 잘 돌아야 병이 없다.

밤을 잘 벗는 것은 지난날의 일기를 깨끗이 세탁한 일, 겨울을 잘 벗는 것도 봄을 위하는 일,

그러나, 아무리 신발을 벗어놓고 보아도 자꾸 뜨는 빨래다.

10

머리맡기찻길은 점점무겁다
고갱이쑥쑥뽑다 곡비바수다
비수꽃은피눈물 바잡은아람
구붓한아랫길은 영영대끼다

생게망게한꽁수 샘이불같다
외눈부처도닐다 사춤을쳤다
어디선가뛰어간 삭신이있다
몰방하는멍에목 벗은집착들

개숫물

시는 영원히 마주하는 기찻길이다. 저 먼 곳을 바라보면 함께 붙은 것이지만, 자세히 보면 거울처럼 서 있다.

그러나 그 어떤 길에서도 함께한다.

11
걸걸어섯눈뜨다 웅절거렸다
선명한도끼꼴딱 떠오르니까
혼자이죽거리다 자금거린다
머리가어지럽다 밤은짜하다

자꾸호물거리면 넌더리난다
홰뿔비우고싶다 후려친옹이
자꾸떠오르는밤 앙버티는밤
꼼짝도하지않고 홈착거린밤

개숫물

아무리 씻으려고 해도 씻기지 않는 것도 있다. 그래서 인연은 참 무서운 것이다. 마음을 삭히고 또 삭히는 것이 밤이다.

낱장은 오고 빛은 잃는다. 우주에 있으면 하얗다. 별처럼 닿는 바늘도 없을 것이다.

꼼짝도 하지 못하고 언

12

솔다사슬이깊어 끊을수없다
본다어그러지다 빈집만얕다
밧줄이아니었다 이건망치다
가는숨소리짧다 뭉근핏덩이

구운눈하나이어 하늘이라면
팔다리이어뻗자 덩굴손처럼
사람아하나그어 때벗기면서
길틔워하늘보자 돌올리면서

개숫물

여러분의 독자가 늪 속에서 허우적거린다면 마땅히 밧줄을 던져줘야 할 일이다. 그러나 쓸데없이 30미터나 되는 강철 케이블을 집어 던져 독자를 기절시킬 필요는 없다. 스티븐 킹의 말이었다.

우리가 불황의 늪 속에 허우적거리는 국민이라면 정부는 어떤 시장을 추구해야 할 것인가? 우리는 밧줄이 필요하다. 소득주도 성장론이라는 듣도 보도 못한 망치 같은 것이 아니라,

마음을 삭혀야 했다. 그러기 위해서는 시집 한 권 읽는다.
사람아, 사람아

13

면도가트의어올라 휩싸인설화
끊은핏줄이었다 후려친면상
한번도경험하지 못한나라는
이루말할수없는 고통의나라

더는희망은없어 죽여주세요
살고싶지않아요 그은얼굴로
생사기로에처한 참담한현실
죽지못해사는이 그냥죽어요

개숫물

다산이 살았던 시대도 크게 희망은 없었다. 오죽하면 기승하는 파리를 위해 조승문弔蠅文이라는 글까지 지어 올렸을까! 파리는 기근으로 죽은 자의 환생으로 보았기 때문이다.

다산이 살았던 시대나 별반 다름없는 역병을 맞고 대했다. 서민은 죄다 문 닫아걸고 칩거했다. 코로나 확진자가 거쳐 갔다면 문을 폐쇄하고 상황을 보아야 했다.

이 참담한 현실에 우리는 무엇을 해야 하나?

14

이상한꽃이었소 등쌀에핀꽃
꽃은홀로피다가 곳곳피웠소
지천에마지못해 허공에핀꽃
꽃은지운봄날에 무릎에핀꽃

두려움한복판에 숨어핀꽃이
자리곳곳떨다가 눈만잃었소
산속깊이들어간 무지의실체
그꽃이대못처럼 막연히핀꽃

개숫물

세상을 바꿀 수는 없다. 차라리 나를 먼저 바꾸는 것이 가장 빠르다. 장자는 이렇게 말했다. 세상은 아는 것만큼 보인다. 무심無心, 먼저 세상을 잊고, 사물을 잊고, 삶을 잊으면, 자기를 의식하지 않는 경지에 이른다고 했다. 그런 연후에야 비로소 깨달음에 도달한다. 장자는 생生을 죽이는 자는 영원히 죽지 않고, 생生을 살리는 자는 영원히 살지 못한다고 했다.

아직도 내 가슴에 두려움 있다는 것은 젊음이 있음이요. 마음을 비우지 못한 것이 있기 때문이다.

15

뒷손없다가뒷질 난치의물마
바람적신꽃냄새 벌창꽃다발
더는머물수없는 벗나간증상
닮지못한구름이 새퉁스럽다

유목인양샛눈에 오므린흔적
마을곳곳저리다 알음장하나
햇볕에물든단풍 이내그립고
어뜩한목련꽃이 어리비치다

개숫물

세상은 다만 권태와 궁핍과의 싸움이다. 풍족한 유목이라면 권태의 재앙이다. 내가 가난한 수레꾼이라면 궁핍과의 전쟁만이 있을 뿐이다.

공자는 그리 풍족하지 않아도 미소를 머금은 것은 오로지 학문에 대한 열의 때문은 아니었을까!

꿈은 허상이다. 마음에 핀 꽃이다. 그것을 추구하며 하루 일 지우고 하루 꽃을 피우는 일,

어뜩한 목련이 또 어리비친다.

16

고향을잃은사람 박박이잃은
바특하게당하다 내던진혓줄
대살훌라들이다 삽입한부고
흩껍데기지우고 내박찬등살

있지도않은고향 묻은이사람
맛피운사망신고 넣은이사람
말눈치하나없이 일은전모가
말담에말뚝잠에 말씹은엄살

개숫물

노자가 말했다. 배운다는 것은 날로 더하는 것이요, 도를 깨우친다는 것은 날마다 덜어 내는 것이다. 덜어내고 또 덜어내어 무위無爲에 이르게 되면, 늘 무사無事하여 하는 일은 없으나 이루어지지 않는 것이 없다고 했다.

세상을 사는 한 가지 비법이 있다고 하면 매일 시 쓰는 행위다.

어쩌면 내 마음을 비우는 것은 노자가 말한 도를 행하는 일일지도 모른다. 덜어내고 덜어내다 보면 벌써 해바라기 씨앗 한 톨이다.

17

눈굽에골몰한일 목가의아침
떼어버린거울과 악수하는일
넣은골목만빼고 지운그늘에
고개내민담쟁이 해바라기다

말굽에흔든지축 목만휘돌다
눈빛은사라지고 뜨는몽깃돌
안반에깐눈굽을 짓이기다가
다부질없는일에 다지운보꾹

개숫물

하늘은 남을 사랑하고 이롭게 하는 사람에게는 반드시 복을 내린다. 그렇다면 하늘은 무엇을 좋아하고 무엇을 싫어하는가? 하늘은 의로움을 좋아하고 불의不義를 싫어한다. 의로움이 있으면 살아남고 의로움이 없으면 죽임을 당한다. 의로움이 있으면 부유해지고 의로움이 없으면 가난을 면치 못한다. 의로움이 있으면 다스리고 의로움이 없으면 어지럽다. 하늘의 뜻은 의로움이다. 묵자가 말했다.

벌써 해가 중천이다.

18

위창문에선持戟 뚫어라본다
박신거리는손방 밤의全委다
아무것도아닌것 그러나목새
畜舍도이런것은 없을것이다

욱여넣은장대비 툭툭튼통로
울어도살길없는 빗줄기였다
사지다끊고아니 끊지나말고
한줄그만빠대다 산길에숫눈

개숫물

책은 사고思考의 보고寶庫다. 책은 껍데기다. 책은 현실을 반영한 것인가? 대처방안은 있는가?

장대비만 내린다.

숫눈 다수굿이 내렸다.

19

줄곧倒錯한目睹 도다녀가다
줄곧倒錯한目睹 도다녀오다
결국손까불다가 목놓은月芽
줄곧倒錯한目睹 도드라지다

도뜬빙산에옴살 지울수없는
빙산은또옴살에 지울수없는
수제비뜨듯물알 하나뭉키다
둔덕진물알하나 도뜬백지장

개숫물

글은 폭력이자 폭로다. 나이가 심할수록 더 심하다. 적나라한 자기 노출이자 무능력의 표상이다. 아니다. 지혜다. 아니다. 놀이다. 아니다. 글은 언어의 옷이다. 아니다. 글은 디딤돌이다. 아니다. 글은 시대를 짓는 잣대다. 아니다.

글은 목놓은 달빛(월아月芽) 결국 뭉개었다가 짓이긴 마음의 둔덕 도뜬 백지장

20

고뿔도이런고뿔 아예없었다
봉빠진시장판은 생급스럽다
폐읽은각혈의장 에워싼흔적
몸서리치며보는 는개만있다

발돋움도발덧도 없는도린곁
한자한자걸어도 산말더기밭
아무짝필요없는 꽃은삭정이
삭은폐각혈의장 열풍만잇다

개숫물

왕도정치의 근본은 백성들의 생업을 보장하여, 위로는 부모를 섬기기에 부족함이 없게 하고, 아래로는 처자식을 먹여 살리기에 부족함이 없게 하는 데 있다고 맹자는 말한다. 먹고사는 데 부족함이 없어야 예의禮義를 익힐 수 있기 때문이다. 오로지 선비만이 고정적인 생업이 없어도 항상적恒常的인 마음을 지닐 수 있다. 하지만 일반 백성들의 경우에는 그렇지 못하다. 고정적인 생업이 없어서 마음이 불안해지면 백성들은 편벽되고 방탕해지며 간사해진다. 백성들로 하여금 죄를 저지르게 한 연후에 붙잡아서 형벌을 내린다면, 이는 백성들을 그물질해 잡는 것과 다를 바가 없다. 어찌 어진 사람이 임금의 자리에 있으면서 백성들을 그물로 잡는 짓을 할 수 있겠는가? 백성이 가장 귀하고, 사직社稷이 그다음이며, 임금은 가볍다. 백성들과 더불어 근심을 같이 하고, 백성들과 더불어 즐거움을 함께 나눈다면, 천하를 다스리는 일이 손바닥 위에서 움직이는 것처럼 쉬울 것이다.

맹자의 철학을 옮겨보았다. 새해 들어오자마자 역병이 돌고 이것으로 우리의 경제가 큰 타격을 받았다. 세계 보건 기구는 이 코로나 19를 세계적인 대유행으로 규정하기까지 했다. 주위 문 닫은 자영업자를 본다. 이것이 한두 달로 끝날 상황으로 보이지 않는 것이 더 큰 문제다. 소비경기가 더욱 좋지 않았는데 코로나로 인해 아예 삶의 의욕을 완전 꺾어 놓은 셈이다.

21

성크름한마을에 앉았다간다
도돌이표만찍은 발목이있다
밥짓는노부부가 내어준공기
잠시쉴수있었던 고갯마루다

문밖댓돌에서서 풍경을본다
꿈결이바람불어 이는마당에
미덕이오고가는 마을이라면
살아서움직이는 풍경이라면

개숫물

문 안쪽은 꽤 의욕적이었다. 실상은 너무나 큰 실험에 불과했다. 전문가들은 믿지 않았지만, 기어코 밀고 나간 일들이었다. 결과는 참담했다.

역사상 최대의 피해를 안겨다 준 문을 본다.

갈 곳이 없다.

어디서 희망을 보아야 하는가?

22

잃은것집착말고 가진것보자
가질수있는것을 집중합시다
매일매일좋을순 없지않아요
그러나찾아보면 매일좋아요

고민은이제그만 내일열어요
약속이라도하듯 싹이텄어요
다시봄이왔어요 거짓말처럼
우리도힘을내어 함께뛰어요

개숫물

"네가 만약 늙은 어미보다 먼저 죽는 것을 불효라 생각한다면 이 어미는 웃음거리가 될 것이다. 너의 죽음은 너 한 사람의 것이 아니라 조선인 전체의 공분을 짊어진 것이다. 네가 항소를 한다면 그것은 일제에 목숨을 구걸하는 것이다. 나라를 위해 딴마음먹지 말고 죽으라! 옳은 일을 하고 받는 형이니 대의를 위해 죽는 것이 어미에 대한 효도이다. 아마도 이 편지가 너에게 쓰는 마지막이 될 것이다. 여기에 너의 수의壽衣를 지어 보내니 이 옷을 입고 가거라. 어미는 현세에서 너와 재회하기를 기대하지 않으니 다음 세상에는 반드시 선량한 천부의 아들이 되어 이 세상에 나오너라."

안중근 의사의 어머니 조마리아 여사께서 아들에게 마지막으로 쓴 편지였다.

역병으로 모두가 힘든 세상이다. 너무 많은 것을 잃었지만, 상심하지 말자. 남은 것을 다시 추슬러야 할 때다. 다시 일어서야겠다.

23

악장친마스크는 줄을이었다
약국은새벽부터 문을보면서
이은줄을줄이며 가고있었다
오졸거리는떼가 자꾸후볐다

마스크썼다아예 손까지잘라
이은떼를옴파다 한태묶어서
어뜩피할길없어 내던진피로
되돌아치는새밭 묵이하얗다

개숫물

우리의 마음은 얼마나 많은 문을 가지고 있을까? 내 앞에 보이는 저 문만 문이 아니다. 마음을 열 수 있는 힘, 그것이 진정한 문이 아닐까!

문 여는데 고민하는 시간은 약 15분, 15분은 많은 것을 할 수 있는 시간이다. 만약 내게 주어진 시간이 15분밖에 없다면 가장 먼저 무엇을 할 것인가?

세바시 강의를 종종 듣는다. 세상을 바꾸는 시간은 단 15분이라는 뜻, 매일 15분을 뛴다면 체지방 4% 줄일 수 있다는 논문도 있다. 하루에 15분 독서한다면 1년 10권 이상 책을 읽을 수 있다.

마스크 위에 데드 마스크는,

24

빨래를삶고있다 얼룩진삶을
삶을수록떠나는 아내가있다
빨래를툭툭털면 깨서말이다
빨래는아침이고 무관심저녁

호두를먹고있다 바순머리를
깨뜨릴수록속은 텅비어있다
껍질을툭툭털면 두꺼운껍질
호두는먹고싶다 못여는생을

개숫물

호두는 땅콩과 더불어 견과류로 칼로리가 높은 식품이다. 엄동설한에 먹으면 지방을 공급하므로 건강을 유지하는데 도움을 준다. 호두와 곁들여 먹을 수 있는 식품은 우유가 가장 좋다. 호두에 부족한 단백질과 칼슘을 보충할 수 있다.

호두의 모양이 마치 사람의 뇌와 비슷하다고 해서 먹으면 머리가 좋아진다는 말도 있다.

내가 아직 호두를 찾는 것은 열려고 해도 열 수 없는 생이 남아 있기 때문이다.

25

공원은배틀하다 머물수있는
냉정과온화함이 묻은이곳은
사붓이걸어오는 수달도있다
그럴때면달밝아 산망스럽다

잔득한공원에가 머물러본다
아긋한입만눈을 먹고있었다
묽은사다리처럼 이하나없이
줄없이그네에탄 발없는애가

개숫물

공원에 오랫동안 앉아 있었다. 실직한 사람처럼, 이 나라 자영업자 대표였지만, 세금도 착실히 냈지만, 아무 일도 없는 것처럼,

줄 없이 매달아 놓은 그네에 탄 기분이었다.

발 없는 아이가 벌써 저 먼 곳에서 손짓한다.

26

비쩍마른모습에 닮고싶었다
저기저가는코트 입은사람이
긴끈휘날리면서 웅박걸음에
바특하게붙어서 가고있었다

버스가오고탄다 사라질즈음
얼러방친숨소리 침묵과댄스
코트걸친모양에 내립떠보다
실다풀린코트가 여기저기다

개숫물

재작년 5월 호주의 104세 식물학자 데이비드 구달 박사는 특별한 질병이 없는데도 기력이 뚝 떨어졌다. 그러자 존엄한 죽음을 맞겠다며 안락사가 합법화된 스위스로 향했다. 경비 2만 달러(약 2,400만 원)를 마련하기 위해 자신의 마지막 여정을 인터넷에 공개해 큰 화제를 낳았다. 그는 자살을 돕는 비영리단체 '엑시트 인터내셔널'의 침대에 누운 채 베토벤의 9번 교향곡을 들으며 정맥주사기에 연결된 밸브를 직접 돌렸다. 생명의 자기 결정권을 행사한 것이다.*

언제쯤 이 코트를 다 벗을 수 있을까?

홀가분하게 떠난 저 104세 할아버지는,

*세계일보 설왕설래 "안락사" 2019.03.11.

27

방금보았다눈을 금시스쳐간
골목길헬멧처럼 달치게갔다
언뜻담은소쿠리 달뜬풍경에
이도저도아닌게 돋친햇볕에

방금보았다길을 멈추고싶은
눈밭에만두처럼 묶어치밀다
도루도친문살에 발룩거렸다
돌담불신기루에 발막영원에

개숫물

관세청과 커피업계에 따르면 국내 커피 시장 규모는 11조 7,397억 원을 넘어섰다. 10년 전에 비해 4배가량 성장했다. 국민 1인당 연간 512잔을 마실 정도로 커피는 '대한민국 대표 기호식품'으로 자리 잡았다.

소통의 매개체로 자리 잡은 게 커피다. 이제는 이것도 조금 바뀌지 않을까 싶다. 이번 코로나 사태로 모임은 확연히 줄었다. 커피 전문점과 같이 사람이 많이 모이는 대중시설을 이용하는 것도 꽤 줄어 들 거로 보인다.

고종황제께서 커피를 처음 드신 후, 120여 년 간 줄곧 성장한 커피 시장이다. 매년 커피는 화젯거리였다. 이제는 조금 바뀌지 않을까 싶다. 무엇보다 커피 시장의 위축은 소비경기의 감퇴다. 국민의 생산성은 떨어졌고 주머니는 더욱 얇아졌다.

28

부고장날아든다 별을세면서
수많은새가난다 하늘을덮고
떨어진외기러기 숨만조이다
해변끝에서울고 끝까지울고

깨진창문을보고 잡은어깨다
죽은비말에다시 산깃털로서
오랫동안맴돌다 살인의현장
꿈틀거린구더기 파리만날아

개숫물

무례위란無禮爲亂이라는 말이 있다. 예의가 없으면 세상을 어지럽힌다. 논어에 나오는 말이다.

子路曰: "君子尙勇乎?" 子曰: "君子義以爲上, 君子有勇而無義爲亂, 小人有勇而無義爲盜."

(자로왈: "군자상용호?" 자왈: "군자의이위상, 군자유용이무의위란, 소인유용이무의위도.")

자로가 "군자는 용맹스러움을 숭상합니까?"라고 하자 공자께서 말씀하셨다. "군자는 의로움을 최상으로 여긴다. 군자는 용맹스러움이 있으면서 의로움이 없으면 문란한 짓을 하고, 소인은 용맹스러움이 있으면서 의로움이 없으면 도둑질을 한다."

나는 군자인가, 소인인가?

29

멍든묵정밭보고 한참웃었다
물색없는아딧줄 아랑곳없고
끈까지엉성궂은 별의좌표에
그네없이적신발 모래언덕에

떨어진그파편에 발을적실때
왜떨고있는거지 몸서리칠때
이미날아간달집 날선모서리
뒤꼍에수그리고 엎어졌다가

개숫물

우후죽순雨後竹筍이라는 말이 있다. 비 온 후에 대나무 죽순은 하루에 30~50㎝씩 자란다는 말이다. 대나무는 땅 속 줄기에서 5~6년간 에너지를 축적한다.

남이 보지 않는다고 해서 시간을 허비하는 것이 아니라 언제든 때가 되면 차고 나갈 수 있는 힘을 비축할 수 있어야겠다.

30

입에짠맛이돈다 계단을보면
풀지못해곁에둔 병든지팡이
물살에쓸려가는 고무신한짝
영돌아올수없는 멧부리한짝

입에짠맛이돈다 산을오르면
풀어놓은계단들 지울수없고
흐르는바람결에 떨쳐버리고
아예떨쳐버리자 손만꾹잡고

개숫물

다음은 조 슐레터(73세)의 말이다.*

"내가 살면서 고수한 한 가지 원칙은 '아니오'라고 대답해야 할 명백한 이유가 없는 한 '네'라고 대답하는 거야. 내 삶에 '아니오'라는 대답은 없었다네. 나는 내게 주어진 일들을 흔쾌히 받아들였지. 재미있는 일은 아니었지만 하다 보면 흥미가 생기는 경우가 많았어. '네'라고 말할 때 기회가 온다네. 하지만 그 기회가 두 번씩 오는 경우는 많지 않지. 이 긍정의 원칙은 '이 일을 하겠습니까?'하고 묻는 사람이 있는 곳이면 어디든, 직장이든 봉사활동을 하는 곳이건 다른 곳이건 어디라도 모두 해당되지. '좋아, 해보자!'하고 받아들이는 거야. '새로운 일은 하고 싶지 않은데.'라고 생각하는 순간 삶은 지루해져. 자격이 없다고 생각해서 망설여서는 안 된다네. 나 역시 내가 자격이 없다고 생각했지만 그냥 받아들였던 일들을 얼마든지 떠올릴 수 있네. 누구든 새로운 일을 통해 또 다른 무언가를 배울 수 있고 여러 가지 방식으로 보상받을 수도 있어, '아뇨. 못하겠는데요.' 혹은 '하고 싶지 않은데요.'라고 말하는 사람은 많은 것들을 놓치기 마련이지. 삶은 모험이야. 모험을 하려면 먼저 '네'라고 대답해야 한다네."

언제나 부담 없이 도전하는 자세를 갖춰야겠다. 세상은 늘 유동적이었다. 가만히 앉지 말고 뭐든지 할 수 있으며 또 해야 한다는 것을 가슴에 새기자.

일단 부딪혀 보자. 무언가 따를 것이다.

---

*내가 알고 있는 걸 당신도 알게 된다면, 칼 필레머 지음, 박여진 옮김, 토네이도, 232p

31

갈라진입술보면 바늘같았지
엄지로눌러보며 이장을하며
출렁이는밤만큼 평행이라면
입술의약속만큼 옥동이라면

저어두운물결에 발을적시면
뒤덮은발자국을 지울수있지
눈밭을지우면서 달빛을보며
완전몸을구기며 끌어당기며

개숫물

죽음을 어떻게 생각하는가? 죽음으로서 명분을 확보했던 소크라테스가 있듯, 우리는 그러한 명분 같은 것은 있었던가! 죽음만이 유일한 해결 방법일까? 세월이 지나면 그냥 잊는 게 현실이다. 사마천의 말처럼 소 아홉 마리 중 털끝 한 올은 왠지 씁쓸하다. 가치 없는 삶에 가치 없는 죽음은 단 한 번밖에 주어져 있지 않은 생사에 너무 허술한 결정이다. 그렇다고 영영 불멸의 존재로 남는 것도 아니겠다. 언젠가 잊는다. 내가 예수나 부처 그 외, 유능하거나 유명한 사람이 아니고서는 말이다. 어쩌면 죽음의 가치에 좀 더 가까이 가고자 우리는 글을 쓰는 것인지도 모른다. 마치, 하나님께서 부여한 숙제를 하듯이, 완벽한 삶에 또 부족한 삶에 보완 같은 것인지도 모른다.

완전 몸을 구기며 끌어당기는 펜의 매력에 오늘도 굴복하면서

32

상황이겁이났어 얇게연입이
단풍너머구름이 냄새가달라
혼자걷다비명을 걸어둔상황
똥개도백마리면 범을잡는데

총구를연국도에 사람죽었어
널기다릴때마다 그네만탔지
합류했을지라도 결말은없지
야식은국도불며 한술뜨랬지

개숫물

세계는 지옥이라고 하는 사람이 있었다. 돈이 많으면 권태가 오고 없으면 고통만 있을 뿐이라고 했다. 오직 돈만이 절대적으로 선한 것이며 돈 이외의 수단은 단지 하나의 소망, 하나의 욕망만을 만족시켜 줄 뿐이라 했다. 인간은 자신의 욕망을 감추기 위해 철학이나 신학을 만들었다고 했다.

이치가 맞는 말이다.

그러나 돈에 너무 치중하면 병을 얻는다. 전혀 욕심이 없어서도 안 되겠지만, 모으는 것만 집중해서도 안 된다. 다만, 경험의 질을 높이는 일, 그 일을 통해서 자아발전을 기하고 성취감과 함께 누릴 수 있는 어떤 문화를 추구한다면 돈은 아무것도 아니겠다. 오늘이 있고 눈 뜨면 나가 누군가 만날 수 있다면 그게 행복이겠다.

33

동경이무서웠어 점점컸으니
갈퀴가뚜렷했어 소스라치다
나자빠진일여기 착달라붙은
개똥밟은얼굴에 남상거렸어

동경이는예뻤어 혀를집다가
등을어루만지다 털끝한올에
킁킁냄새맡는일 살에는바람
부끄러움도몰라 빠대다놓고

개숫물

선조 때인 1589년 황해도관찰사가 비밀 보고서를 올렸다. 동인東人 정여립이 황해도와 전라도에서 군사를 일으켜 서울로 쳐들어갈 계획을 꾸미고 있다는 내용이었다. 정여립은 자살했지만 그와 같은 당파 사람들이 줄줄이 잡혀와 심문받고 처형됐다. 사건 조사를 맡은 이가 서인인 정철이었다. 실체도 불분명한 이 사건으로 1000명 넘게 죽어나갔다. '기축옥사己丑獄死'였다.

문 대통령 시, 2020년 청어는 시중에 커피 자투리를 올렸다. 작소鵲巢 이호걸은 분기탱천하며 문단을 휘어잡고 일어나 결국, 일을 꾸몄다는 내용이었다. 작소는 그 후, 은둔했지만 그가 남긴 울음통은 세간에 화제가 되어 역병마저 잠시 잊을 수 있었다. 일을 조성한 이는 청어였다. 실체가 분명한 이 일은 모두 시 300수에 이른다. 커피 자투리다. 경자년庚子年이었다.

34

남해에가고싶다 함성이많은
결말은미루다가 계절만울어
여름축제는끝나 해안만돌다
외딴길그정점에 웃어주었지

남해에가고싶다 판세가많은
겉날개날고속은 헤집어날다
지붕없는하늘에 두다리놓고
그냥쩍바람일다 향뿜고싶어

개숫물

조갑천장(爪甲穿掌)이라는 말이 있다. 직역을 하면 손톱이 손바닥을 뚫음이다. 爪(손톱 조) 甲(갑옷 갑) 穿(뚫을 천) 掌(손바닥 장)

양연은 젊었을 때에 뛰어나서 틀에 얽매이지 않았다. 사십에 이르러서 배움을 시작했는데 발분하여 마음을 단단히 하기를 왼손을 꽉 쥐고, 문장이 이루어지지 않으면 손을 펴지 않겠다고 맹세했다.

북한산 중흥사에서 글을 읽으니 한 해 남짓하여 문장의 이치를 꿰뚫어 통하게 되고, 시의 격조가 맑고 높았다.

장인에게 시를 보내어 말하였다. “책상의 등불 빛은 어두운데, 벼루 속에 물빛은 맑다. 붓은 내가 바라는 바고, 겸하여 종이도 바라노라.” 대개 문방사우를 청하는 뜻이다. 장인이 그가 늦게 공부하였으면서도 빨리 이루어짐을 가상하게 여겨 장난삼아 그에게 답하여 말하였다.

“양충의가 사십에 산당에서 글을 읽으니, 아 늦었도다.” 세상 사람들이 아름다운 이야기로 전하게 되었다. 뒷날 과거에 급제하던 날에 비로소 손을 펴니 곧 손톱이 손바닥을 뚫고 있었다.

일을 도모했다면 독한 마음을 가져야겠다.

35

문은열려있었다 새벽은오고
꼬리를입에물고 입국은없다
먼지발일으키며 닫아건고리
구태여안열리는 문을열려고

문밖은춤만췄어 출국은멀고
입에꼬리를물고 장면은없다
이명은방랑이라 뽑은두멍을
한낮에잔을들고 붓고있었다

개숫물

철학자 헤겔은 "마음의 문을 여는 손잡이는 안쪽에 있다"라고 했다.

우리는 얼마나 많은 문을 닫았든가?

36

시계추흔드는데 눈만떠있다
종일다녀간산이 앞을가렸어
이을수없는꿈만 풀어헤쳤지
주고다내주어도 뚜렷한산빛

누워도잡지못해 닫은문고리
안에선깨어있고 밖은다물어
문고리잡고당겨 함께누워요
하얗게뜬눈새운 시계추소리

개숫물

잠이 오지 않았다. 시계추 소리가 종소리처럼 들렸다. 낮에 다녀갔던 그 낚시꾼만 떠올랐다. 그와 약 두 시간 가까이 대화를 나눴다. 그는 어느 해변에서 낚은 고기를 얘기했다. 물고기는 한쪽 눈을 잃었다. 낚시 바늘에 걸렸던 것이다. 그는 바늘을 빼지도 않고 그 물고기를 두고 왔다.

그는 경기가 좋지 않으니까, 눈알도 가릴 수 없다는 이상한 소리로 중얼거렸다.

37
죽은허무를든다 들어올리며
새밭을다루면서 했던파문들
목적지를그대로 잊고본현관
엎지른잔하나가 나부끼었다

살려달라고춤은 하늘오르고
떠나갔던친구만 넘겨보았다
논두걷던소처럼 생사갈림길
문꾹닫은옆집이 하늑거렸다

개숫물

복도를 보면 슬펐다. 초로 문질렀던 그 복도, 한 아이가 넘어졌다. 복도는 슬펐다. 마냥 넘어지는 것만 같은 그 아이를 잃을 수는 없었으니까!

38

질문은어려웠어 너나아냐고
하루씩쌓는이길 모르겠다고
울렁거리는속을 누가아냐고
창문은열어두고 바람만불고

혼자무던히걷는 눈만밟았다
소리가나지않아 지나간겨울
다시눈발이오고 꾹다지자고
풍경을지웠다가 속도만울고

개숫물

깃털이 하나씩 떨어져 나간 새는 결국 날지 못한다. 공기의 저항을 받지 않을 것 같은 논리, 그러나 공기를 모으고 조절하는 기류의 움직임까지 파악할 수가 없다.

오늘도 깃털을 모으고 다른 쪽 세상을 보려는 새가 있다.

39

광장은끝이었다 죽음의흔적
죽고싶어가는곳 광장을들고
비둘기를보면서 버리는꿈을
새우깡을던지며 새를보면서

광장은물이었다 생명수처럼
가지를타고오른 꿔다만꿈을
껍데기를버리며 육탈한매미
그렇게울다가는 물마시면서

개숫물

광장은 오랫동안 열어두었다. 비둘기가 올망졸망하게 모였다. 모이만 쫀다. 지나는 사람 하나 없는 이 허전한 광장에서 광장은 광장을 들고 광장만 떠올렸다.

시민혁명이라도 일어날 것 같은 이 곳, 그래 한 철 매미다. 길면 보름이라고 그렇게 울다가는 매미처럼

광장에 머물러 있다.

40

꾹다진안주보고 술을마셨다
비말이튀어오고 낯선단어에
늙음은잊었던가 내리꽂는말
어차피스며드는 젖은모서리

빈속헤집고드는 거리를보고
창문은열어두고 웃고있지만
포크만집다말고 걸쳐두었나
마른목을뒤틀다 꺾은또한잔

개숫물

술은 마시고 싶지 않았다. 하지만, 우리가 시를 안 짓고 살 순 없듯이 목을 축이는 일은 늘 있었다. 그러나 시간은 어찌 그 거리를 좀 더 늘리는지, 햇볕을 쬐는 일도 몸을 움직이는 것도 이제는 점점 거리가 되어간다.

악수는 악수가 되는 단풍은 떨어지는데 개나리가 피었다.

41

잠이오지않았다 앓은명개다
말할수없는생애 잠깐버지다
전혀예기치않은 싸늘한운봉
휘감아돈다절망 산골에침몰

밤새뒤척이다가 가버린버캐
가녀린사선에서 떨어진단풍
개나리피었다고 다간겨울에
다따버린사과에 써레만돋다

개숫물

긴 바에 앉은 샷 잔이 있었다. 데미타세다. 반 밖에 담지 않은 커피였다. 악력이 없어 그만 바닥에 떨어뜨렸다. 채 비우지 못한 숨소리와 손때만 조각조각 났다.

개나리가 걸어오고 있었다. 산산조각 난 유리조각을 밟으며 걸어왔다.

저기요? 꼬냑 한 잔 주세요.

42

성긴곳없다하늘 저리넓어도
까마귀난다해도 하늘밑이다
어디든까마귀똥 일이없으랴
남새밭가꾸는일 매기단하다

밭아닌곳어디냐 발디딜곳곳
삿갓처럼쓰는일 애써다녀라
씻는구름발바닥 공양한그릇
언덕보며지는해 노을한그릇

개숫물

서산에 햇덩이 떨어지는 것 보았는가? 붉고 둥근 해 말이다. 정말 자연의 아름다움이었다. 누가 붙잡을 수도 없는 저 해는 혼자서 뉘엿뉘엿 넘어간다.

이젠 할 일 없다고 볼 것 다 보았다고

43

두눈알다파먹은 한치돋을볕
유람선처럼돌다 정박한이곳
돌껐잠도는돛살 물고기천국
눈여겨보지않는 멧부리한쪽

두손꼭잡고보는 멧발한가닥
봐도내줄것없는 허무한자루
이내잘보았다고 악수하는일
도롱이걸쳐입고 물잡고본일

개숫물

멧돼지가 와서 어느 무덤 하나를 파보다가 그냥 간다. 순 돌무더기였다. 한때는 고라니가 와서 풀을 뜯고 갔다. 산짐승이 똥을 갈기다가 갔고 인간도 한둘 오르는 모습을 보았다. 손주 녀석도 제법 큰 것 같아!

그렇게 봄날을 즐기며 보는 진달래
어머 꽃이 예쁘게 피었네. 멱 딴 노을 한 송이

44. 終詩

다시밀려오는파도
밀려나가는물결에
은올린개뼈다귀를

개숫물

지천명이다. 하늘의 뜻을 안다는 말이다. 숨이 길면 삼십 년이다. 이중 바르게 숨 쉴 수 있는 시간은 고작 십오 년 정도 바라보고 있다. 여태껏 십 년이 어떻게 갔는지 대해 본 사람은 안다.

일을 하면 이제 사람의 건강이 보인다. 십 대와 이십 대, 삼십 대와 사십 대 그러다가 어느덧 오십 대가 되고 육십이 될 것이다.

여러 사람을 만나는 일이라 육십이 되지 않았는데도 건강이 이상이 오고 심지어 몸을 잃은 사람도 있다. 인생은 참 외롭고 쓸쓸한 일로 이루기도 하고, 또 인생은 남을 적극적으로 도와 더불어 행복한 삶을 추구하는 사람도 있다.

어떤 인생을 살아야 하는 것이냐? 먼저 나를 도와야 할 것이다. 올바른 삶의 가치관이 잡혀야 하고 다음은 어떤 일이든 적극적으로 행하는 자세가 있어야 할 것이다.

역병으로 한 달이나 쉬었다. 모든 것이 바뀌었다. 앞으로 어떻게 살아야 하나 하는 생각에 기도하는 마음으로 썼다. 내내 자숙하면서, 너무 힘든 세상에 쓸 때 없는 개뼈다귀 하나를

벽지에 그을음을 보는 것 같아 갑자기 소름 돋는다.

커피 자투리

이호걸 지음

발 행 처 · 도서출판 **청어**
발 행 인 · 이영철
영 업 · 이동호
홍 보 · 천성래
기 획 · 남기환
편 집 · 방세화
디 자 인 · 이수빈 | 김영은
제작이사 · 공병한
인 쇄 · 두리터

등 록 · 1999년 5월 3일
(제321-3210000251001999000063호)

1판 1쇄 발행 · 2020년 4월 30일

주 소 · 서울특별시 서초구 남부순환로 364길 8-15 동일빌딩 2층
대표전화 · 02-586-0477
팩시밀리 · 0303-0942-0478

홈페이지 · www.chungeobook.com
E-mail · ppi20@hanmail.net
I S B N · 979-11-5860-839-2(04810)
979-11-5860-837-8(세트)

이 도서의 국립중앙도서관 출판시도서목록(CIP)은 서지정보유통지원시스템 홈페이지(http://seoji.nl.go.kr)와 국가자료공동목록시스템(http://www.nl.go.kr/kolisnet)에서 이용하실 수 있습니다.(CIP제어번호: CIP2020013927)